현대종합영어

현대종합영어

1판 1쇄 발행 2025년 5월 14일

저자 유성우

편집 문서아   **마케팅·지원** 이창민

펴낸곳 (주)하움출판사   **펴낸이** 문현광

이메일 haum1000@naver.com   **홈페이지** haum.kr
블로그 blog.naver.com/haum1000   **인스타그램** @haum1007

ISBN 979-11-7374-068-8(13740)

좋은 책을 만들겠습니다.
하움출판사는 독자 여러분의 의견에 항상 귀 기울이고 있습니다.
파본은 구입처에서 교환해 드립니다.

이 책은 저작권법에 따라 보호받는 저작물이므로 무단전재와 무단복제를 금지하며,
이 책 내용의 전부 또는 일부를 이용하려면 반드시 저작권자의 서면동의를 받아야 합니다.

어떻게 하면 하고 싶은 말을 논리적으로
잘 할 수 있을까?

현대종합영어

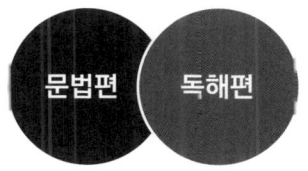

문법편   독해편

힘움

머리말

글로벌시대를 살아가는 우리에게 영어는 단순한 외국어가 아닌 필수적인 소통 도구가 되었다고 해도 과언이 아니다. 하지만 많은 사람들이 오랜 기간 영어를 공부하면서도 실질적인 의사소통 능력을 키우는 데 어려움을 겪고 있다. 왜 그럴까? 문제는 '나무만 보고 숲을 보지 못하는' 학습 방식에 있다.

집필 발간 계기

과거 저자는 가족과 함께 3년간 해외에서 근무한 적이 있다. 당시 초등학교 2~5학년 시기를 국제학교에서 보낸 아이는 한국으로 귀국한 후 한국식 영문법 중심, 문제풀이 중심의 한국식 영어교육에 어려움을 겪었다. 이에 저자가 40여 년간 축적해온 영어 학습 경험을 바탕으로 영문법의 핵심만을 간추려서, 그리고 복잡한 문장도 영어 어순 그대로 읽으면서 이해할 수 있는 '직독직해' 방식의 독해방법을 정리하여 가르친 결과 아이가 원하던 성과를 거둔 일이 있다.

이 책은 저자가 자신의 아이만을 위해 정리했던 내용을 보완하여, 우리나라 사람들이 영어 공부에서 겪는 시행착오를 줄이고 효과적으로 영어 실력을 향상시키는데 도움이 되고자 출간되었으며, 수능, 토익, 토플 등의 시험을 준비하는 학생들뿐만 아니라, 영어로 자유롭게 토론하고 싶은 직장인, 영어 원서를 읽어야 하는 대학생 등 다양한 목적을 가진 모든 영어 학습자에게 실질적인 도움이 될 것이라 확신한다.

AI 시대의 영어 학습

대규모 언어 모델(LLM)의 발전으로 AI가 제공하는 번역과 분석 기능이 놀라울 정도로 향상되었지만, AI 시대에도 영어 공부는 여전히 필수적이다. AI가 아무리 발전해도 인간의 판단과 사고력을 완전히 대체할 수는 없으며, 영어를 직접 이해하고 사용할 수 있는 능력은 정보 습득, 실시간 의사소통 측면에서 여전히 중요하다. 뿐만 아니라, AI의 한계를 보완하며 AI를 더욱 효과적으로 활용하기 위해서도 영어 능력은 필수적이다.

한편, AI의 발전은 영어 학습을 더욱 효율적으로 만들어 준다. 특히 대규모 언어 모델(LLM)의 스마트폰 앱을 활용하면 언제 어디서나 맞춤형 영어 학습이 가능하다. AI를 단순한 번역 도구가 아닌, 실시간 피드백을 제공하는 종합적인 학습 도구로 활용한다면 말하기, 쓰기, 독해, 문법 등 전반적인 영어 실력 향상에 큰 도움이 될 것이다.

저자의 영어 학습 여정

저자의 영어 학습 여정은 많은 시행착오의 연속이었다. 중학교 시절에는 교과서를 통째로 외우는 단순하고 비효율적인 방법으로 영어 공부를 했고, 고등학교 때는 '성문종합영어'와 '맨투맨종합영어'의 문법과 단어를 기계적으로 암기했다. 대학 입학 후에는 AFKN, CNN, BBC 뉴스를 통해 듣기 연습을 했으며, 카투사로서 미군 부대에서 복무하던 시기에는 원어민과의 일상 대화에 익숙해지는 기회를 가졌다. 행정고시 국제통상직 시험을 준비하면서는 'TIME', 'Economist' 글을 발췌하여 공부했고, 미국 대학원 유학을 준비하면서는 시트콤 'Friends'의 에피소드를 말하기 표현 중심으로 학습했다.

영어의 벽을 느끼다!

미국 UCSD 국제관계학 대학원 석사과정 중 저자는 진정한 영어의 벽을 경험했다. 매일매일 읽어야 할 방대한 양의 논문들, 알고 있는 단어들로 이루어진 지문인데도 해석이 안 되는 복잡한 문장들에 좌절했다. 일상적인 대화에는 어려움이 없었지만, 전문적인 내용을 논리적으로 표현해야 하는 상황에서는 머릿속으로 영어 문장을 구성하고도 말로 표현하지 못하는 경우가 많았다. 이를 해결하고자 대학 도서관과 서점에서 영어로 된 영문법 책을 찾아 공부했지만, 별다른 효과를 보지 못했다. 당시 저자는 이미 25년 이상 영어를 공부해온 상태였지만 어쩔 수 없이 유학기간 내내 '과묵한 한국인 유학생'이어야만 했다.

'유레카'의 순간

2년간의 미국유학을 마치고 직장에 복귀하여 FTA 팀장으로서 각종 협상에 참석하던 중 우연히 큰 깨달음을 얻는 경험을 하게 되었다. 아시아권의 한 협상대표가 제2외국어인 영어로 영어권 국가의 원어민 협상대표들을 압도하는 모습을 여러 차례 목격한 것이다. 그의 영어를 분석해보니, 그는 격식을 갖춘 문어체를 사용하면서도 필요한 전문용어들 이외에는 전반적으로 쉬운 단어 위주로 문장을 구성했다. 또한 접속사와 접속부사, 관계사를 효과적으로 활용하여 문장을 매끄럽게 만들고 문장과 문장을 자연스럽게 연결했다.

이 '유레카'의 순간 이후, 저자는 영어 학습의 목표를 '원어민처럼 말하는 것'에서 '나의 생각을 논리적으로 전달하면서 자연스럽게 말을 이어갈 수 있는 능력을 갖추는 것'으로 전환했다. 그리고 그 협상대표는 저자의 영어 롤모델이 되었다.

이 책의 특징

이 책은 저자가 지난 40여 년간 꾸준히 공부해온 영어의 핵심 내용을 '유레카'의 순간 이후 새롭게 구축한 영어 체계에 따라 종합적으로 정리한 결정판이라 할 수 있다.

"문법편"은 문장을 어떻게 구성하고 이어가야 하는지에 초점을 맞추어, 영어의 체계를 나무가 아닌 숲을 보는 관점에서 이해할 스 있도록 철저하게 실용적으로 정리했다.

"독해편"은 영어 둔장을 한국어 어순으로 재배열하지 않고, 영어 어순 그대로 읽으면서 바로바로 이해하는 직독직해 방식으로 설명했다.

이 책이 여러분의 영어 학습 여정에 실질즈인 도움이 되고, 영어의 숲을 보는 시각을 제공하여 더 효율적이고 효과적인 영어 실력 향상에 기여할 수 있기를 진심으로 기원하는 바이다.

차례

시작하며   11

Part 1. 문법편

영어문장은 어떻게 구성해야 하는가?   16
문장과 문장을 어떻게 연결해나가야 하는가?   17

Chapter 1. Sentence Structure

1. 기본개념
(1) 구   18
(2) 절   19
(3) 영어의 5가지 문형   21
(4) 구조에 따른 문장의 종류   24

2. 주요품사
(1) 형용사   27
(2) 부사   29
(3) 접속사   33

3. 문장성분
(1) 주어   36
(2) 목적어   36
(3) 동사   38
#1. 조동사   39
(4) 보어   42
(5) 수식어   43
#2. 명사구   44

4. 주어와 동사 : 수 일치, 시제
(1) 주어와 동사의 수의 일치   45
#3. 명사의 종류   48
#4. 관사   49
(2) 시제   50

5. 준동사
(1) 부정사   54
(2) 동명사   59
(3) 분사   62

6. 명사절
#5. 명사구   64
    65

7. 형용사절
(1) 관계대명사절   66
(2) 관계부사절   67
#6. 복합관계대명사와 복합관계부사   72
#7. 형용사구   73

8. 부사절   74
#8. 분사구문   79
#9. 부사구   82

9. 전치사   83

10. 비교구문   87

11. 특수구문
(1) 도치구문   92
(2) 삽입구문   93
(3) 동격구문   95
(4) Punctuation   96

12. 가정법
(1) 가정법 과거   99
(2) 가정법 과거완료   99
(3) 혼합 가정법   100
(4) 가정법 미래   101
(5) 특별한 형식의 가정법   102

Chapter 2. Sentence와 Sentence 연결

1. 등위접속사　　　　　　　　　　　　　105

2. 접속부사　　　　　　　　　　　　　　106

〈부록〉 Speaking에 관하여　　　　　　　112

1. 구어체 vs. 문어체
(1) 문장의 길이와 복잡성　　　　　　　113
(2) 접속사 사용　　　　　　　　　　　117
(3) 능동태와 수동태　　　　　　　　　120
(4) 삽입구와 수식어　　　　　　　　　122

2. 문어체 & Speaking　　　　　　　　　125

3. 국제어로서의 영어　　　　　　　　　127

Part 2. 독해편

1. 직독직해의 원리　　　　　　　　　　134

2. 독해연습　　　　　　　　　　　　　148

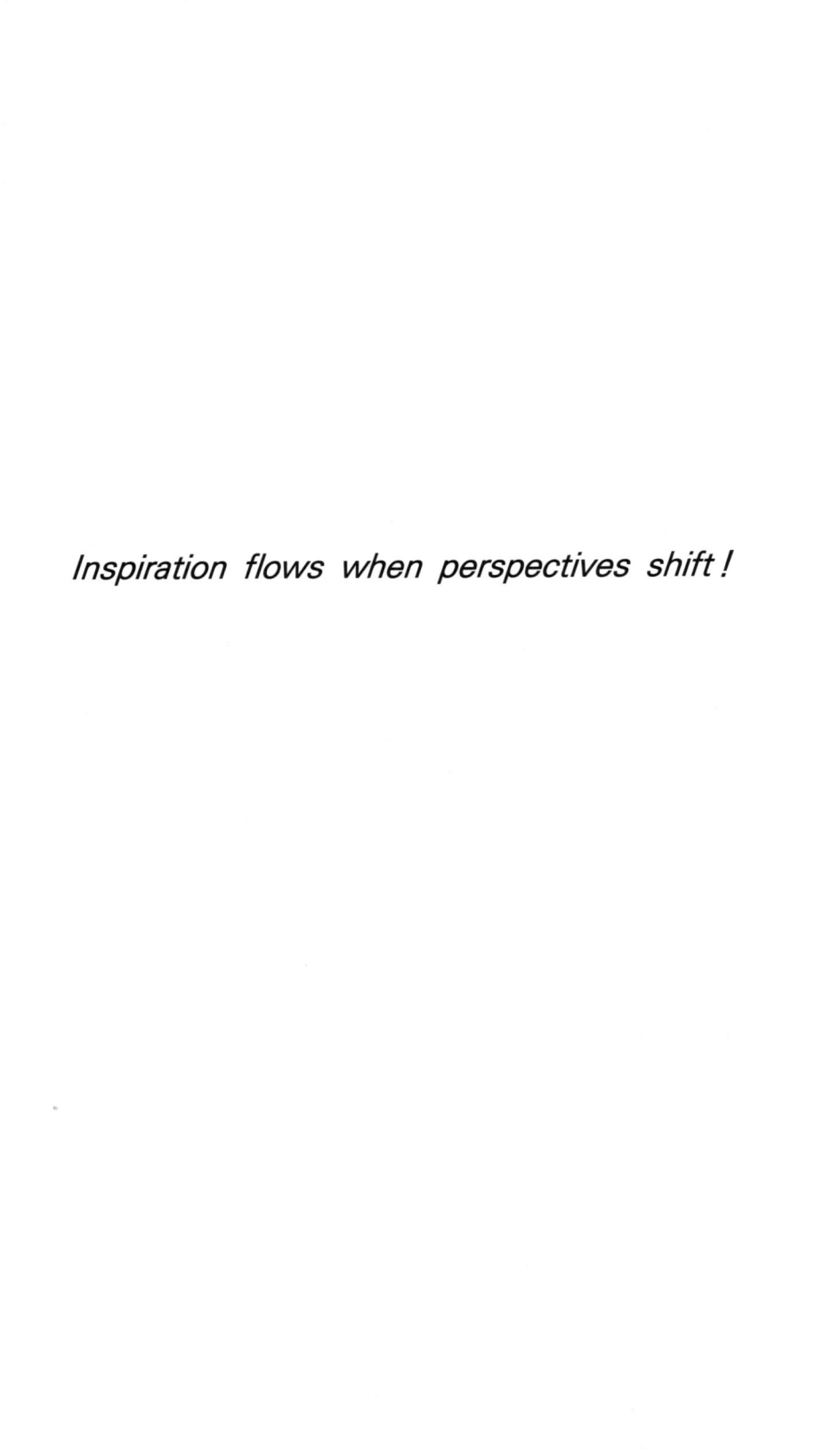

시작하며...

이 책은 문법편과 독해편으로 구성되어 있다.

Part 1. 문법편

오랜 기간 영어공부를 해왔어도 막상 외국인을 만나면 말 한마디 못하고 머뭇머뭇 주저하다가 그냥 포기하는 경우, 그 이유는 아마도 하고 싶은 말을 우리말로 떠올린 후 알고 있는 문법지식을 총동원하여 영어문장으로 바꿔서 막상 말을 하려고 하면 영어발음이 좋지 않아 왠지 상대방이 알아듣지 못할까 봐, 또는 상대방이 대답하는 것을 내가 못 알아들을까 봐, 또는 상대방의 대답에 대해 내가 다시 이야기를 이어갈 자신이 없어서 일 것이다.

영문법의 내용이 너무 많고 복잡하고 외울 것도 많아서 뭐가 더 중요하고 어떤 것은 그냥 참고만 하고 무시해도 되는지 알기 어렵기 때문에 실용적인 문법이 아니라 그야말로 문법을 위한 문법 공부가 되어버린 것이 안타깝지만 현실이다.

문법을 공부함에 있어서는 공부하는 목적을 확실히 해야 하는데, 문법편은 'speaking'에 초점을 맞추어 "어떻게 하면 하고 싶은 말을 논리적으로 잘 할 수 있을까?" 즉, "나의 생각을 논리적으로 상대방에게 전달하려면 문장을 어떻게 구성하고 또 어떻게 이어가야 하는가?"에 필요한 문법 내용을 중심으로 정리한 것이다. 따라서 이 책에서는 실용적이지 않은 지나치게 세부적인 문법 내용은 과감히 생략하였다.

이 방법론은 speaking뿐만 아니라 reading과 writing에도 적용할 수 있다. 영문법에 충실하게 말을 이어가면 구어체보다는 문어체에 가까워질 수 있으나, 이는 실제 의사소통에는 별다른 문제가 되지 않는다.

Part 2. 독해편

저자가 중학교 2학년 때의 일이다. 당시 영어선생님께서는 교과서를 문장 단위로 읽고 해석하는 방식으로 수업을 진행하셨는데 문장에 'because'가 포함되어 있으면 매번 "왜냐니까"라고 하시며 'because'를 문장 앞부분이 아니라 뒷부분에 해석하시는 것이다. 가령 "I decided to stay home because it was raining heavily and I didn't want to get wet."이라는 문장을 해석한다면 "나는 집에 있기로 했다. 왜냐니까 비가 많이 오고 있어서 젖고 싶지 않았기 때문에" 방식이다. 당시 어리고 교만했던 저자는 '선생님은 도대체 왜 저렇게 해석하시지? "나는 비가 많이 오고 있어서 젖고 싶지 않았기 때문에 집에 있기로 했다"라고 해석하는 것이 맞는데'라고

속으로 생각했던 기억이 있다. 지나고 나서 보니 번역이 아니라 독해를 할 때는 선생님의 해석방법이 보다 효율적인 방법이었던 것이다.

독해편은 영어 문장을 읽을 때 한국어 어순으로 바꾸어 해석하는 방식이 아닌, 영어 어순 그대로 읽으면서 바로바로 이해하는 '직독직해' 방식을 강조한다.

영어지문을 독해할 때 가장 중요한 것은 우리말과 영어의 어순이 다르다는 것을 인지하는 것이다. 우리말은 '주어 + 목적어 + 동사' 순서인 데 비해 영어는 '주어 + 동사 + 목적어' 순서이기 때문에 영어 한 문장을 우리말 어순처럼 해석하려면 한 문장을 다 읽고, 동사 뒤에 나오는 목적어를 찾아서 먼저 해석한 후 동사를 나중에 해석하게 되는데, 짧은 문장들로만 구성된 지문은 어렵지 않게 해석할 수 있겠지만, 복잡하고 긴 문장들로 구성된 지문을 이런 방식으로 해석하려고 하면 지문을 한두 번 읽어서는 제대로 해석이 되지 않는 경우를 경험하게 된다. 문장을 구성하는 단어들의 뜻은 알고 있는데 문장 전체로는 도대체 무슨 뜻인지 알기 어려운 상황, 특히 시험문제로서 제한된 짧은 시간에 독해문제를 풀어야만 하는 상황에서 이런 방식으로 접근하면 원하는 성과를 거두기가 어려워진다.

따라서 영어문장을 읽을 때에는 우리말 어순으로 바꾸어 다시 배열하여 해석하는 것이 아니라 주어진 영어어순 그대로 읽으면서 바로바로 해석하는 연습이 필요한 것이다. 즉, 문장을 앞에서 뒤로 한 번

읽으면서 바로 이해할 수 있는 능력이 필요하며, 이를 위해서는 영어에서 문장을 만드는 원리를 이해해야만 하는데 '구'와 '절', '단문', '중문', '복문' 등 문장구조 구성의 원리를 문법을 위한 문법이 아닌 직독직해를 위한 도구로 이해해야 하는 것이다. 이 원리는 listening, speaking, writing에도 동일하게 적용된다.

영어 listening에서도 들리는 데로 바로바로 이해하면서 넘어가야 한다. 문장을 들을 때마다 매번 우리말 어순으로 바꿔 이해하려고 하면 그 사이에 이미 다음 문장이 지나가 맥락이나 흐름을 놓치게 되기 쉽다.

영어 speaking에서도 우리말로 먼저 생각한 후 영어로 바꿔 말하는 과정에서 발생하는 시간 지연은 대화의 자연스러운 흐름을 방해하고, 특히 여러 사람 앞에서 말할 때는 당황하여 단어도 떠오르지 않는 상황을 초래할 수 있다.

이 책에서는 영어 문장의 의미를 영어 어순 그대로 즉각적으로 파악하는 방식을 제시하고, 다양한 주제의 독해지문을 통해 직독직해 방식을 연습할 수 있도록 하였다.

Part 1. 문법편

*Here's to moments
that shift your perspective!*

영어문장은 어떻게 구성해야 하는가?

영어문장은 기본적으로 주어와 동사를 중심으로 구성되며, 필요에 따라 목적어, 보어, 수식어 등의 요소가 추가되어 의미를 완성한다. 가장 기본적인 구조는 '주어 + 동사'로 이루어진 간단한 문장이며, 여기서 동사의 종류에 따라 뒤에 목적어나 보어가 필요해진다. 또한 문장은 다양한 수식어구 (부사, 전치사구, 형용사절 등)를 활용하여 문장에 세부 정보를 추가함으로써 더욱 풍부한 의미를 전달할 수 있다. (종속접속사를 사용하여 주절과 종속절로 연결하여 문장을 만들 수도 있고, 관계대명사나 관계부사를 사용하여 두 문장을 결합할 수도 있으며, 분사구문이나 전치사구를 활용하여 문장을 더 간결하게 연결할 수도 있다)

이러한 문장 성분들은 영어의 어순 규칙에 따라 일정한 순서를 유지하는 것이 중요하며, 특히 한국어와 달리 영어는 어순이 문법적 의미를 결정하므로 문장의 구조를 정확히 이해하고 익히는 것이 중요하다. 따라서 영어문장을 구성할 때는 **주어와 동사의 관계를 중심으로 문장의 뼈대를 세우고, 여기에 목적어, 보어, 수식어를 논리적으로 덧붙이는 방식으로 문장을 만들어야 한다.**

일단 이렇게 영어 문장을 만들었다면,

문장과 문장을 어떻게 연결해나가야 하는가?

독립된 영어문장과 독립된 영어문장은 주로 **'등위접속사'나 '접속부사'를 통해 논리적으로 연결**된다. 등위접속사에는 and, but, or, nor, for, so, yet 등이 있으며, 이들을 사용하면 두 개의 독립절을 하나의 문장으로 자연스럽게 이어줄 수 있다. 이때 접속사 앞에는 보통 쉼표 (,)를 사용한다. 또 다른 방법은 접속 부사를 사용하는 것으로, however, therefore, moreover, nevertheless, consequently 같은 부사들이 독립절 사이에서 논리적 관계를 형성해준다. 이 경우에는 세미콜론과 함께 사용하는 것이 일반적이다. 한편, 두 문장을 세미콜론 (;)으로만 연결하는 방법도 있다. 이 경우 두 문장은 서로 밀접한 관련이 있어야 하며, 예를 들어 "The sun was setting; the sky turned red."처럼 자연스럽게 이어질 수 있다. 이처럼 영어에서는 독립적인 문장끼리도 다양한 연결 도구를 통해 유창하고 논리적인 흐름을 만드는 것이 중요하다.

다음 페이지부터는 먼저 영어문장의 구성원리에 대해 상술한 후 이렇게 만들어진 문장과 문장을 연결하는 방법에 대해 구체적으로 살펴보기로 한다.

Chapter 1. Sentence Structure

1. 기본개념

(1) 구 (Phrase)

'구'는 두 개 이상의 단어가 모여 하나의 품사와 같은 역할을 하는 어군이다. '구'는 독립적으로 쓰일 수 없고, 문장의 일부로서 다른 요소들과 결합하여 의미를 전달한다.

He wakes up early *in the morning*.
(그는 아침 일찍 일어난다.)
→ "in the morning" 자체로는 완전한 문장이 아니며, 시간에 대한 정보를 제공하지만, 독립적으로 사용될 수 없다.

'구'는 문장에서 여러 역할을 하며, 다양한 정보를 제공한다. 예를 들어, 부사구는 시간, 장소, 방법 등을 설명하며, 형용사구는 명사를 더 구체적으로 설명한다. 이러한 '구'들은 문장을 더 풍성하게 만든다.

* 명사구 - 주어, 목적어, 보어 역할
  The beautiful sunrise makes me happy. [주어 역할]
  (아름다운 일출이 나를 행복하게 만든다.)

* 동사구 - 동사를 중심으로 구성
  He *has been studying* all night. [현재완료진행형]
  (그는 밤새 공부하고 있다.)

* 형용사구 - 명사를 수식
  The watch *on the table* is mine. [명사 (The watch) 수식]
  (테이블 위에 있는 시계는 내 것이다.)

* 부사구 - 동사, 형용사, 부사를 수식
  Please read the instructions *carefully*. [동사 (read) 수식]
  (설명서를 주의 깊게 읽으세요.)

(2) 절 (Clause)

'절'은 **주어와 동사를 포함**하는 문장 성분이다. '절'은 완전한 의미를 가질 수 있기 때문에 독립적으로 하나의 문장이 될 수 있다. 문장에서 '구'가 의미를 완성하지 못하는 반면, '절'은 완전한 의미를 전달할 수 있다.

He says that he is tired. (그는 피곤하다고 말한다.)
→ "He says"와 "he is tired" 두 개의 절이 결합된 문장이다.

'절'은 접속사나 관계사에 의해 문장의 다른 부분과 연결된다. 문장에서 중심이 되는 절을 '주절'이라고 하며, '주절'에 딸린 절을 '종속절'이라 한다. '종속절'은 추가적인 정보를 제공하여 문장을 확장시킨다.

* **등위절** : 두 개 이상의 **독립절이 등위접속사로 문법상 대등하게 연결된** 절이다. 등위절은 각 절이 독립적으로 문장을 이룰 수 있으며, 등위접속사 (and, but, or, so, yet, for, nor)를 사용하여 연결된다.

She likes tea, but he prefers coffee.
(그녀는 차를 좋아하나, 그는 커피를 선호한다.)
→ "She likes tea."와 "He prefers coffee." 두 개의 독립절이 등위접속사 "but"으로 연결되어 있다.

* **종속절** : 종속절은 독립절에 의존하여 의미를 완성하는 절이다. 종속절은 단독으로 문장이 될 수 없으며, 독립절과 함께 쓰여야 한다. 종속절은 **문장 안에서 하나의 품사 역할**을 하며, 문장 내에서의 기능에 따라 **명사절, 형용사절, 부사절로 나뉜다. 종속접속사** (because, although, if, when, while, since, unless, before, after 등) 또는 **관계대명사** (who, which, that 등)**로 시작**하는 경우가 많다.

He stayed home because he was sick.
(그는 집에 있었다 / 아팠기 때문에)
→ "because he was sick."은 단독으로 의미가 완전하지 않은 종속절이다.

(3) 영어의 5가지 기본 문형

영어와 한국어는 어순에서 큰 차이를 보인다. 한국어는 일반적으로 '주어 + 목적어 + 동사' 순서로 문장을 구성하지만 (예: 그는 책을 좋아한다), **영어는 '주어 + 동사 + 목적어' 순서로 문장을 구성**한다. (예: He likes books) 이러한 어순 차이를 고려하여 한국어의 문장구조와 영어의 문장구조가 어떻게 다른지 명확히 인식하는 것이 중요하다.

영어문장은 동사가 어떤 요소와 함께 쓰이는지에 따라 '1형식'부터 '5형식'까지로 나뉜다. 각각의 문형을 예문과 함께 살펴보자.

(1형식) 주어 (S) + 동사 (V)

주어 (S)와 동사 (V)만으로 완전한 의미를 전달하는 문장형식이다. 동사는 자동사 (목적어 없이 완전한 의미를 가지는 동사)가 사용된다. 부사가 추가될 수 있지만, 문장구조를 결정하는 요소는 아니다.

He runs every morning. (그는 매일 아침 달린다.)
The baby cried. (아기가 울었다.)

(2형식) 주어 (S) + 동사 (V) + 보어 (C)
주어 (S)와 동사 (V) 뒤에 보어 (C)가 오는 문장형식이다. 보어 (C)는 주어를 보충 설명하는 역할을 한다.

* 2형식 문장에서 주로 쓰이는 동사: be동사 (am, is, are, was, were), 상태·유지 동사 (seem, become, look, feel, taste, appear 등)

She is a teacher. (그녀는 선생님이다.)
The soup tastes delicious. (그 수프는 맛있다.)
He became famous. (그는 유명해졌다.)

(3형식) 주어 (S) + 동사 (V) + 목적어 (O)
주어 (S)와 동사 (V) 뒤에 목적어 (O)가 오는 문장이다. 목적어는 동작의 대상이 된다. 동사는 타동사 (목적어를 필요로 하는 동사)가 사용된다.

I like coffee. (나는 커피를 좋아한다.)
She wrote a letter. (그녀는 편지를 썼다.)

(4형식) 주어 (S) + 동사 (V) + 간접목적어 (IO) + 직접목적어 (DO)
주어 (S)와 동사 (V) 뒤에 간접목적어 (IO)와 직접목적어 (DO)가 오는 문장이다.

She gave me a gift. (그녀는 나에게 선물을 주었다.)
I taught her English. (나는 그녀에게 영어를 가르쳤다.)

4형식 문장은 "She gave a gift to me."처럼 3형식 문장 형태로 바꿀 수도 있다.

(5형식) 주어 (S) + 동사 (V) + 목적어 (O) + 보어 (C)
주어 (S)와 동사 (V) 뒤에 목적어 (O)와 목적격 보어 (C)가 오는 문장이다. 목적격 보어는 목적어를 보충 설명하는 역할을 한다. 목적어와 목적격 보어는 의미상으로 주어와 술어의 관계이다.
(아래 예문에서 "him = a leader", "the book = interesting", "me = a genius")

* 5형식 문장에서 주로 쓰이는 동사: make, keep, find, consider, call, name, think 등

They made him a leader. (그들은 그를 리더로 만들었다.)
I found the book interesting.
(나는 그 책이 흥미롭다는 것을 알았다.)
She called me a genius. (그녀는 나를 천재라고 불렀다.)

(4) 구조에 따른 문장의 종류

영어 문장은 '절'의 개수와 관계에 따라 크게 '단문', '중문', '복문', '혼문' 으로 나뉜다. 각각의 개념과 예문을 살펴보자.

① 단문
하나의 독립절 (주어 + 동사)로 이루어진 문장이다. 주어와 동사가 하나만 존재하며, 완전한 의미를 전달한다. 목적어나 보어, 수식어 (부사구, 전치사구 등)가 추가될 수는 있다.

She sings beautifully. (그녀는 아름답게 노래한다.)
The sun rises in the east. (태양은 동쪽에서 뜬다.)

② 중문
두 개 이상의 독립절 (완전한 절)이 등위접속사(and, but, or, so, yet, for, nor)**로 연결된 문장**이다. 각 절은 독립적으로 사용가능하며, 개별적으로 완전한 의미를 가진다.

I was tired, *but* I finished my homework.
(나는 피곤했지만, 숙제를 끝냈다.)
He played the guitar *and* she sang a song.
(그는 기타를 쳤고, 그녀는 노래를 불렀다.)
You can run, *or* you can walk, or you can stop.
(너는 뛸 수도, 걸을 수도, 멈출 수도 있다.)

③ 복문

주절(독립절)과 종속절이 결합된 문장으로, **하나의 독립절(완전한 문장)과 하나 이상의 종속절(불완전한 문장)이 연결**된다. 종속절에는 명사절, 형용사절, 부사절이 있다. 종속절은 독립적으로 사용될 수 없으며, 반드시 독립절과 함께 사용해야 한다. 일반적으로 **종속절은 주절과 종속접속사**(because, although, when, if, since, while, unless 등) **또는 관계사**(관계대명사, 관계부사)**로 연결**된다.

She is happy *because* she passed the test.
(그녀는 기쁘다 / 시험에 합격해서)
Although it was raining, they went outside.
(비가 오고 있었지만, 그들은 밖으로 나갔다.)
If you study hard, you will pass the exam.
(네가 열심히 공부하면, 시험을 통과할 것이다.)
I met a girl *who* speaks Spanish.
(나는 여자아이를 만났다 / 스페인어를 하는)
I was taking a nap *when* the doorbell rang.
(내가 낮잠을 자고 있을 때 초인종이 울렸다.)

➡ 복문은 이유, 조건, 시간 등의 추가 정보를 제공하여 문장을 더욱 풍부하게 만든다.

④ 혼문

중문 (독립절 2개 이상)과 복문 (독립절 + 종속절)의 특징을 모두 가진 문장이다. 두 개 이상의 독립절과 하나 이상의 종속절이 포함되며, 등위접속사와 종속접속사가 함께 사용된다. 문장이 길어지고 복잡해질 수 있지만, 의미를 더욱 명확하게 전달할 수 있다.

I was tired, *but* I finished my homework *because* it was due today.
(나는 피곤했지만, 숙제를 끝냈다 / 오늘이 마감일이라서)
She didn't come to the party *because* she was sick, *but* her brother was there.
(그녀는 파티에 오지 않았다 / 아팠기 때문에 / 그러나, 그녀의 남동생은 거기에 있었다.)
Collectors seek purple jade, *and* they pay high prices *because* it is both rare and culturally significant.
(수집가들은 보라색 비취를 찾고, / 높은 값을 지불한다 / 그것이 희귀하면서도 문화적으로 중요한 의미를 지니고 있기 때문에)

2. 주요 품사

(1) 형용사 (Adjective)

형용사는 명사나 대명사를 꾸며주는 품사로, 사람이나 사물의 성질, 상태, 수량 등을 나타낸다.

She has a *beautiful* voice.
(그녀는 아름다운 목소리를 가지고 있다.)
The weather is *cold* today. (오늘 날씨가 춥다.)
I bought *three* books. (나는 책 세 권을 샀다.)

① 형용사의 위치
형용사는 명사 앞 또는 보어 자리에서 쓰일 수 있다.

- 명사 앞에서 명사를 꾸미는 경우 [한정적 용법]
  He is a *kind* person. (그는 친절한 사람이다.)
  I saw an *interesting* movie. (나는 흥미로운 영화를 보았다.)

➡ 명사의 성질을 설명하는 형용사가 명사 앞에 위치한다.

- 주격 보어 (보어 자리)로 쓰이는 경우 [서술적 용법]
  She looks *happy*. (그녀는 행복해 보인다.)

The food smells *delicious*. (음식이 맛있는 냄새가 난다.)
He became *famous*. (그는 유명해졌다.)

➡ 주격 보어로 쓰일 때는 보통 'be동사' 또는 '감각동사 (look, feel, smell 등)' 뒤에 위치한다.

② 형용사의 종류

- 성질·상태를 나타내는 형용사
  She is a *smart* student. (그녀는 똑똑한 학생이다.)
  The water is *cold*. (물이 차갑다.)
  He is *honest*. (그는 정직하다.)

- 수량을 나타내는 형용사
  I have *two* cats. (나는 고양이 두 마리를 키운다.)
  There are *many* books in the library.
  (도서관에는 많은 책이 있다.)
  He drank a *little* water. (그는 물을 조금 마셨다.)

- 지시 형용사 (this, that, these, those)
  This book is interesting. (이 책은 흥미롭다.)
  Those shoes are expensive. (저 신발들은 비싸다.)

- 성질을 비교하는 형용사 (비교급·최상급)

This test is *easier* than the last one.
(이번 시험은 지난번 시험보다 쉽다.)
He is the *tallest* student in the class.
(그는 반에서 가장 키가 크다.)

③ 형용사의 어순
형용사가 두 개 이상 나올 때는 일정한 순서를 따른다.
* Opinion (의견) → Size (크기) → Age (나이) → Shape (모양) → Color (색깔) → Origin (출신) → Material (재질) → Purpose (목적)

A *beautiful small old round white French wooden* table
(아름답고 작은 오래된 둥근 흰색 프랑스산 나무 테이블)
She bought a *cute little black* dress.
(그녀는 귀엽고 작은 검은 드레스를 샀다.)

(2) 부사 (Adverb)
부사는 동사, 형용사, 다른 부사, 또는 문장 전체를 수식하는 품사이다.

She sings *beautifully*. (그녀는 아름답게 노래한다.) [동사 수식]
It is *very* cold today. (오늘 날씨가 매우 춥다.) [형용사 수식]
He ran *too* fast. (그는 너무 빨리 달렸다.) [부사 수식]

Unfortunately, I missed the bus. [문장 전체 수식]
(불행하게도 나는 버스를 놓쳤다.)

① 부사의 역할과 위치

- 동사를 수식하는 부사 (동사 앞 / 뒤)
 She *quickly* finished her homework.
 (그녀는 빠르게 숙제를 끝냈다.)
 He speaks *fluently*. (그는 유창하게 말한다.)

- 형용사를 수식하는 부사 (형용사 앞)
 It is *extremely* hot today. (오늘은 매우 덥다.)
 She is *really* kind. (그녀는 정말 친절하다.)

- 다른 부사를 수식하는 부사 (부사 앞)
 She ran *very* fast. (그녀는 매우 빨리 달렸다.)
 He speaks *quite* clearly. (그는 꽤 분명하게 말한다.)

- 문장 전체를 수식하는 부사 (문장 맨 앞 / 중간 / 끝)
 Unfortunately, he failed the test.
 (불행하게도 그는 시험에 떨어졌다.)
 She will *probably* come. (그녀는 아마 올 것이다.)

He won the game, *surprisingly*.
(놀랍게도 그는 경기에서 이겼다.)

② **부사의 종류**

- 방법의 부사 : 동작이 어떻게 이루어지는지 설명
  He drives *carefully*. (그는 조심스럽게 운전한다.)
  She spoke *softly*. (그녀는 부드럽게 말했다.)
  He plays the piano *beautifully*.
  (그는 피아노를 아름답게 연주한다.)

- 장소의 부사 : 행동이 어디에서 발생하는지 설명
  She locked *everywhere*. (그녀는 모든 곳을 둘러보았다.)
  He sat *here*. (그는 여기 앉았다.)
  I found the key *outside*. (나는 열쇠를 밖에서 찾았다.)

- 시간의 부사 : 행동이 언제 일어나는지 설명
  She will visit us *tomorrow*. (그녀는 내일 우리를 방문할 것이다.)
  I met him *yesterday*. (나는 어제 그를 만났다.)
  He is leaving *soon*. (그는 곧 떠날 것이다.)

- 빈도의 부사 : 행동이 얼마나 자주 일어나는지 설명하며, 보통 동사 앞에, be동사가 있는 경우에는 be동사 뒤에 위치한다.

I *always* eat breakfast. (나는 항상 아침을 먹는다.)
She is *always* happy. (그녀는 항상 행복하다.)
I *sometimes* go jogging. (나는 가끔 조깅을 한다.)
He *never* eats fast food. (그는 절대 패스트푸드를 먹지 않는다.)

- 정도의 부사 : 행동이나 상태의 강도를 조절
The test was *very* difficult. (그 시험은 매우 어려웠다.)
She was *too* tired to work.
(그녀는 너무 피곤해서 일할 수 없었다.)
I *almost* forgot my keys. (나는 거의 내 열쇠를 잊을 뻔했다.)

③ 부사의 어순
부사는 위치에 따라 문장의 의미가 달라질 수도 있다.

Only she loves me.
→ "그녀만 나를 사랑한다." ('only'가 주어 'she' 수식)
She *only* loves me.
→ "그녀는 나를 사랑하기만 한다." ('only'가 동사 'loves' 수식)
She loves *only* me.
→ "그녀는 나만 사랑한다." ('only'가 목적어 'me' 수식)

(3) 접속사 (Conjunction)

① 등위접속사

등위접속사는 **동등한 관계의 단어, 구, 절을 같은 문법적 요소끼리 연결**할 때 사용된다.

- 주요 등위접속사 : and, but, or, so, for, yet, nor
  She bought apples *and* oranges.
  (그녀는 사과와 오렌지를 샀다.)
  He is smart, *but* lazy. (그는 똑똑하지만 게으르다.)
  Do you want coffee *or* tea?
  (너는 커피를 마실래, 아니면 차를 마실래?)
  It was raining, *so* we stayed inside.
  (비가 와서 우리는 안에 있었다.)

② 종속접속사

종속접속사는 주절과 종속절을 연결하여 종속절이 주절의 의미를 보완하도록 한다. 종속절은 주절 없이 단독으로 사용할 수 없으며, 주절과 함께 문장을 형성한다. **종속접속사가 이끄는 절에는 문장에서 주어, 목적어, 보어 등의 역할을 하는 '명사절'과 시간, 이유, 조건, 양보 등의 의미를 나타내는 '부사절'이 있다.** 명사절은 문장의 주요 요소에 해당하므로 생략하면 문장이 성립하지 않지만, 부사절은 생략해도 문장이 성립한다.

- 명사절을 이끄는 접속사 : 명사절은 문장에서 주어, 목적어, 보어 역할을 하는 절이며, 주로 that, whether, if, 의문사 (who, what, where, when, why, how) 등의 접속사가 사용된다.

What she said is true. (그녀가 말한 것은 진실이다.) [주어]
I believe *that he is honest*. [목적어]
(나는 그가 정직하다는 것을 믿는다.)
The problem is *that we have no time*. [보어]
(문제는 우리가 시간이 없다는 것이다.)

- 부사절을 이끄는 접속사 : 부사절은 동사, 형용사, 다른 부사를 수식하며, 문장에서 시간, 이유, 조건, 양보, 목적, 결과 등을 나타낸다. 부사절이 문장 앞에 올 경우, 보통 쉼표 (,)를 사용한다.

* 주요 접속사 : 시간 (when, while, before, after, since, until), 이유 (because, since, as), 조건 (if, unless, provided that), 양보 (although, though, even though), 목적 (so that, in order that), 결과 (so ~ that, such ~ that)

I went to bed *after I finished my homework*.
(나는 잠자리에 들었다 / 숙제를 끝낸 후에)
Because it was raining, we stayed inside.
(비가 왔기 때문에 우리는 안에 있었다.)

You can go out *if you finish your work*.
(너는 나가도 된다 / 일을 끝내면)
Although it was cold, he didn't wear a coat.
(추웠지만 그는 코트를 입지 않았다.)
She spoke loudly *so that everyone could hear her*.
(그녀는 크게 말했다 / 모두가 들을 수 있도록)
He was *so tired that he fell asleep* immediately.
(그는 너무 피곤해서 바로 잠들었다.)

※ 형용사절을 이끄는 연결어에는 관계대명사와 관계부사가 있다. 형용사절은 명사를 수식하는 절이며, 주로 관계대명사(who, whom, which, that)와 관계부사(where, when, why)가 사용된다. 관계대명사는 선행사(명사)를 수식하며, 문장에서 주어, 목적어 역할을 한다. 관계부사는 선행사가 장소, 시간, 이유를 나타낼 때 사용되며, '관계대명사 + 전치사'의 의미를 포함한다.

The movie *that we watched* was exciting.
(우리가 본 그 영화는 흥미로웠다.)
I remember the day *when we first met*.
(나는 그날을 기억한다 / 우리가 처음 만난)
This is the house *where (= in which) I was born*.
(여기가 그 집이다 / 내가 태어난)

3. 문장 성분

(1) 주어 (Subject)

주어는 동사와 함께 주절의 중심이 되는 요소로, 문장에서 주된 동작을 하는 사람, 사물, 개념을 나타낸다. 주어는 명사, 대명사, 부정사구, 동명사구, 명사절 등이 될 수 있으며 문장의 시작 부분에 온다.

Tom is my friend. (Tom은 내 친구이다.) [명사]
She likes to read books. [대명사]
(그녀는 책 읽는 것을 좋아한다.)
To read books is enjoyable. [부정사구]
(책을 읽는 것은 즐겁다.)
Reading books is fun. (책 읽기는 재미있다.) [동명사구]
Whether we succeed or not depends on our effort. [명사절]
(우리가 성공할지 아닐지는 우리의 노력에 달려있다.)

(2) 목적어 (Object)

목적어는 문장에서 동사의 뒤에 위치하며, 주어의 동작을 받는 대상이다. 목적어는 명사, 대명사, 부정사구, 동명사구, 명사절 등이 될 수 있다.

She bought *a book*. (그녀는 책 한 권을 샀다.) [명사]
I saw *him* yesterday. (나는 어제 그를 보았다.) [대명사]

They hope *to win the game*. [부정사구]
(그들은 경기에서 이기기를 바란다.)
She enjoys *reading novels*. [동명사구]
(그녀는 소설 읽는 것을 즐긴다.)
He asked *what I wanted*. [명사절]
(그는 내가 무엇을 원하는지 물었다.)

※ 가주어와 진주어 : '가주어 – 진주어' 구조는 문장에서 진짜 주어가 문장의 시작 부분에 오지 않고, 대신 가주어(보통 "it" 또는 "there")가 앞에 와서 문장을 시작하는 구조로, 주로 진주어가 길거나 복잡할 때 사용된다.

It is difficult *to learn English*. (영어를 배우는 것은 어렵다.)
It is important *to study every day*.
(매일 공부하는 것이 중요하다.)
There are *many people* in the park.
(공원에 많은 사람이 있다.)

※ 가목적어와 진목적어 : '가목적어 – 진목적어' 구조는 문장에서 진짜 목적어가 보통의 목적어 위치(동사 뒤)가 아닌 다른 위치에 놓이고, 대신 가목적어(보통 "it")가 그 자리에 오는 구조이다.

I found *it* difficult *to learn English*.
(영어를 배우는 것이 어렵다는 것을 알게 됐다.)
She made *it* clear *that she didn't like the idea*.
(그녀는 그 아이디어를 좋아하지 않는다는 것을 분명히 했다.)
The teacher considers *it* important *to study every day*.
(그 선생님은 매일 공부하는 것이 중요하다고 여긴다.)

(3) 동사 (Verb)

영어에서 동사는 **주어가 수행하는 동작이나 상태를 나타내며 문장의 핵심적인 성분이다**. 동사는 주어와 함께 문장의 시제, 태, 수를 결정하는 중요한 역할을 한다. 일반적으로 행위 동사와 상태 동사, 자동사와 타동사로 나눌 수 있다.

- 행위 동사 : 주어가 수행하는 동작이나 행위를 나타낸다.
 She *writes* a letter. (그녀는 편지를 쓴다.)
 He *runs* every morning. (그는 매일 아침 달린다.)

- 상태 동사 : 행위보다는 상태나 존재를 나타낸다.
 She *is* happy. (그녀는 행복하다.)
 They *know* the answer. (그들은 답을 안다.)

- 자동사 : 목적어가 없이 동작만을 표현하는 동사
  He *slept* soundly. (그는 깊게 잠을 잤다.)
  The baby *cried* loudly. (아기가 크게 울었다.)

- 타동사 : 목적어가 필요한 동사로, 동작의 대상이 있어야 한다.
  She *bought* a new car. (그녀는 새 차를 샀다.)
  He *helped* his mother. (그는 어머니를 도왔다.)

※ 동사 앞에 조동사가 쓰이거나, 완료형, 진행형, 수동태를 만들기 위해 have, be동사가 함께 쓰인 경우, 또는 부사, 전치사 등과 함께 동사구를 이루는 경우, 한데 묶어 넓은 의미의 동사로 본다.

#1. 조동사

조동사는 본동사와 함께 사용되어 의미를 보충하거나 문법적 기능을 추가하는 동사이다. 조동사는 능력, 허가, 의무, 추측, 가능성 등을 나타내며, 본동사의 시제, 태, 수, 부정, 의문 등을 변화시킬 수 있다.

① 일반조동사

- be 동사 (am, is, are, was, were) : 진행형 (동작이 진행 중인 상태) 및 수동태 (동작을 당하는 상태)를 만들 때 사용

She *is reading* a book. (그녀는 책을 읽고 있다.) [진행형]
English *is spoken* in many countries.
(영어는 많은 나라에서 사용된다.) [수동태]

- have 동사 (have, has, had) : 완료형을 만들 때 사용

I *have eaten* lunch. (나는 점심을 먹었다.) [현재완료]
They *had left* before I arrived. [과거완료]
(그들은 떠났다 / 내가 도착하기 전에)

- do 동사 (do, does, did) : 의문문과 부정문을 만들 때 사용

She *does not* like coffee. [부정문]
(그녀는 커피를 좋아하지 않는다.)
Do you like pizza? (너는 피자를 좋아하니?) [의문문]

② 조동사 (Modal Verbs) : can, could, may, might, will, would, shall, should, must, ought to 등은 능력, 가능성, 허가, 의무, 추측 등을 나타내며, 본동사의 의미를 보충한다.

* 조동사 다음에는 동사원형이 오며, 조동사를 연이어 쓰지 않는다. 조동사의 부정은 '조동사 + 부정어 (not, never)' 어순이다.

I *can* swim. (나는 수영할 수 있다.) [능력]
You *should* study harder. [의무]
(너는 더 열심히 공부해야 한다.)
He *may* come to the party. [가능성]
(그는 파티에 올지도 모른다.)
You *may* leave early. (너는 일찍 떠나도 된다.) [허가]
He *must* be tired after the long trip. [추측]
(그는 긴 여행 후에 분명 피곤할 것이다.)
I *would* never lie to you.
(나는 너에게 절대 거짓말하지 않을 거야.)

* 조동사의 과거형(could, might, would)이 언제나 '과거'를 의미하지는 않는다.

Would you show me your ticket, please? [요청]
(티켓 좀 보여주시겠어요?)
She *might* be at home now. [추측]
(그녀는 지금 집에 있을지도 모른다.)
It *could* rain later. (나중에 비가 올 수도 있겠다.) [추측]

(4) 보어 (Complement)
보어는 주로 명사나 형용사가 될 수 있으며, 주격 보어와 목적격 보어로 나눌 수 있다.

① **주격 보어**
주격 보어는 주어를 보충 설명하거나 주어의 상태나 성질을 나타내는 성분이다. 주격 보어는 주로 'be동사, become, seem, feel, appear, remain, look' 등과 함께 사용되어 주어를 보충 설명한다. 형용사는 주어의 상태나 감정을 나타낼 때, 명사는 주어의 직업, 신분, 신체 상태 등을 설명할 때 사용된다.

She is *a teacher*. (그녀는 선생님이다.) [명사 보어]
The sky is *blue*. (하늘은 파란색이다.) [형용사 보어]
He became *angry*. (그는 화가 났다.) [형용사 보어]

② **목적격 보어**
목적격 보어는 목적어를 보충 설명하거나 목적어의 상태나 성질을 나타내는 성분이다. 형용사는 목적어의 상태나 감정을 나타낼 때 사용되고, 명사는 목적어의 직위, 역할 등을 설명할 때 사용된다.

They elected him *president*. [명사 보어]
(그들은 그를 대통령으로 선출했다.)

She painted the wall *red*. [형용사 보어]
(그녀는 벽을 빨간색으로 칠했다.)
I found the movie *interesting*. [형용사 보어]
(나는 그 영화가 흥미롭다는 것을 알게 되었다.)

(5) 수식어 (Modifier)

수식어는 문장에서 명사, 형용사, 부사 등을 수식하여 그 의미를 더 구체화하거나 강조하는 역할을 한다. 수식어는 주어, 동사, 목적어, 보어 등 다양한 문장 성분을 수식할 수 있다. 수식어는 형용사나 부사일 수 있으며, 형용사구나 부사구 형태로도 나타날 수 있다. 수식어에는 **명사를 꾸며주는 '형용사적 수식어'와 동사, 형용사, 다른 부사 및 절 전체를 꾸며주는 '부사적 수식어'**가 있다.

The girl *with the red dress* is my younger sister. [형용사]
(빨간 드레스를 입고 있는 소녀는 내 여동생이다)
The soldier *who lives next door* runs every day. [형용사]
(옆집에 사는 군인은 매일 달린다.)
She works *hard on the farm every day*. [부사]
(그녀는 매일 농장에서 열심히 일한다.)
The woman *standing over there* is my mother. [형용사]
(저쪽에 서 있는 여성은 내 어머니이다.)

I got in trouble *because I didn't have my phone at that time*. [부사]
(나는 어려움에 처했다 / 그때 전화기를 가지고 있지 않았기 때문에)
Finding him in the living room, she shared her good news. [부사]
(그를 거실에서 찾자마자 그녀는 좋은 소식을 전했다.)

#2. 명사구

명사구는 '명사를 중심으로 **형용사, 형용사구, 전치사구, 관계절 등** 그 명사를 수식하거나 보충하는 단어들이 모여 형성된 구'이다. 이러한 요소들이 **명사 앞이나 뒤에 위치하여 명사구의 의미를 보다 구체적으로 만든다**. 명사구는 문장에서 주어, 목적어, 보어 등의 역할을 할 수 있다.

Those apples on the table look delicious. [주어]
(테이블 위에 있는 사과들이 맛있어 보인다.)
Almost every living creature on Earth needs water to survive. [주어]
(지구상에 있는 거의 모든 생물은 생존을 위해 물이 필요하다.)
A number of singers who had prepared for the audition were worried. [주어]
(오디션을 위해 준비한 가수들은 불안해했다.)

Children living in the rural areas are more likely to spend time outside. [주어]
(시골에 사는 아이들은 바깥에서 시간을 보낼 가능성이 크다.)
My father drove away *the neighbor's dog that was chasing my cat*. [목적어]
(아버지는 이웃의 개를 내쫓았다 / 그 개는 내 고양이를 쫓고 있었다)
Justin sent an e-mail to the editor about *the error in the article published last Monday*. [전치사의 목적어]
(Justin은 편집자에게 이메일을 보냈다 / 지난 월요일에 실린 기사의 오류에 대해)
My son showed me *the old picture of his grandparents that he found in the attic*. [목적어]
(내 아들은 조부모님의 옛 사진을 나에게 보여줬다 / 그 사진은 그가 다락방에서 발견한 것이다)

4. 주어와 동사 : 수 일치, 시제

(1) 주어와 동사의 수의 일치

주어와 동사의 수의 일치란, 문장에서 주어가 단수일 때 동사도 단수 형태를 취하고, 주어가 복수일 때 동사도 복수 형태를 취하는 규칙이다. 단수와 복수는 형태가 아니라 의미에 의하여 정해진다.

Alice is going on a trip for two weeks, which *makes* her happy. (Alice는 2주간 여행을 갈 계획이며, 그것이 그녀를 행복하게 만들었다.)
The teacher and the student are talking.
(선생님과 학생들이 얘기하고 있다.)

※ 집합 명사는 문맥에 따라 단수로 취급될 수도 있고, 복수로 취급될 수도 있다.

The team is playing well. (그 팀은 경기를 잘한다.)
→ 팀이 하나의 단체를 의미하므로 단수 취급
The team are arguing among themselves.
(그 팀원들은 논쟁하고 있다.)
→ 팀원 각 개개인의 행동이 강조되어 복수 취급

※ 주어가 or, nor로 연결될 때, 동사는 가장 가까운 주어의 수에 맞춰 일치시킨다.

Either Tom or *Jerry is* going to the party.
(Tom이나 Jerry가 파티에 갈 것이다.)
Neither the teacher nor *the students are* ready.
(선생님과 학생들 모두 준비가 되지 않았다.)

※ '시간', '거리', '금액', '중량'은 전체를 한 단위로 생각하여 단수로 취급한다. 다만, 전체가 아니라 낱개의 의미를 강조할 경우에는 복수로 취급한다.

Thirty dollars is a good price for the shoes.
(그 신발이 30달러이면 좋은 가격이다.)
Thirty miles is a long distance to walk.
(30마일은 걷기에 먼 거리이다.)
Thirty years is a long time. (30년은 긴 시간이다.)
Six years have passed since I came here. [복수 취급]
(6년이 지났다 / 내가 여기 온 이후로)

※ '학과명', '병명', '운동명' 등은 단수로 취급한다.

Economics is my favorite subject.
(경제학은 내가 좋아하는 과목이다.)
Badminton helps improve your fitness.
(배드민턴은 체력을 길러주는 데 도움이 돼.)

※ 부정대명사인 everyone, someone, nobody, anybody 등은 단수로 취급한다.

Everyone was impressed by Jade's presentation.
(모두가 Jade의 발표에 감명받았다.)
Nobody knows the answer. (아무도 답을 모른다.)

#3. 명사 (Noun)의 종류

명사는 사람, 사물, 장소, 아이디어 등을 나타내는 단어로, 문장에서 주어, 목적어, 보어 등의 역할을 하며, 보통명사, 고유명사, 집합명사, 물질명사, 추상명사로 나눌 수 있다.

- 보통명사 : 일반적인 사람, 장소, 사물 등 (ex. dog, city, book)
- 고유명사 : 특정한 사람, 장소, 사물, 조직 등
            (ex. John, Paris, Microsoft)
- 집합명사 : 여러 개체가 모여 하나의 집합체를 이루는 것
            (ex. team, family, class)
- 물질명사 : 물리적 성질을 나타내는 물질이나 재료
            (ex. water, gold, sand)
- 추상명사 : 볼 수 없고 만질 수 없는 것
            (ex. happiness, freedom, love)

① 셀 수 있는 명사 (보통명사, 집합명사)
 : 단수와 복수의 구분이 있고 수사가 붙을 수 있으며 (ex. two cats), 단수에는 부정관사가 붙을 수 있고, 복수에는 부정(不定)의 수를 나타내는 말 (many, few 등)이 붙을 수 있다.

② 셀 수 없는 명사 (물질명사, 고유명사, 추상명사)
 : 복수형이 없고 단수형태로만 사용되며, 부정관사가 붙지 않는다. 또한 수사가 직접 붙을 수 없고 (ex. two pieces of cake), 부정(不定)의 양을 나타내는 말 (much, little 등)이 붙을 수 있다.

#4. 관사 (Article)

관사는 명사 앞에 위치하여 명사의 특정성 또는 수량을 나타낸다. 부정관사 (Indefinite Article)는 불특정한 사람이나 사물을 나타내고, 명사가 처음 등장할 때 주로 사용한다. 이에 비해 정관사 (Definite Article)는 어떤 특정한 대상을 지칭할 때 또는 이미 언급된 명사를 다시 언급할 때 사용한다.

다시 말해 **부정**(不定)**관사**는 주로 처음 언급한 것, 듣는 이에게 미지의 것임을 나타내고, 정(定)관사는 듣는 이가 이미 알고 있는 특정한 것을 의미한다. **부정관사는** 단수명사와 셀 수 있는 명사에만 쓰고, 정관사는 단수, 복수 명사 양쪽 모두에 쓰고, 모든 종류의 명사에 쓸 수 있다.

I saw *a dog* in the park. (나는 공원에서 개 한 마리를 봤다.)
I saw *the dog* you were talking about.
(나는 그 개를 봤다 / 네가 말하던)
She visited *the Eiffel Tower* last summer.
(그녀는 지난해 여름에 에펠탑을 방문했다.)
The book on the table is mine.
(테이블 위에 있는 책은 내 것이다.)
I saw *a cat*. *The cat* was very cute.
(나는 고양이를 봤다. 그 고양이는 매우 귀여웠다.)
The sun rises in the east. (태양은 동쪽에서 떠오른다.)
I bought *the books* you recommended.
(나는 그 책들을 샀다 / 네가 추천한)

(2) 시제 (Tenses)

영어의 시제는 동작이나 상태가 일어나는 시간을 표현하는 방식이다. 시제는 크게 현재, 과거, 미래로 나누어지고, 각 시제는 단순한 형태, 진행형, 완료형, 완료 진행형으로 나뉜다.

① 현재 시제
현재의 습관, 반복적 동작, 일반적 진리, 가까운 미래에 일어날 것이 확실한 일 등을 나타낸다.

- 현재 단순 시제
  : 일반적인 사실, 반복되는 행동, 습관적인 일, 영구적인 상태

She *goes* to school every day. (그녀는 매일 학교에 간다.)
Water *boils* at 100°C. (물은 100°C에서 끓는다.)

- 현재 진행형 (am / is / are + 동사 -ing)
  : 현재 시점에서 일어나고 있는 동작, 임시적인 상황

I *am reading* a book at the moment.
(나는 지금 책을 읽고 있다.)

- 현재 완료형 (have / has + 과거분사)
  : 과거의 행동이나 사건이 현재에 영향을 미친 경우, 과거의 일을 현재와 연관하여 현재 시점까지의 계속, 경험, 완료, 결과

I *have lived* here for ten years. [계속]
(나는 여기서 10년 동안 살아왔다.)
I *have visited* London twice. [경험]
(나는 런던에 두 번 방문한 적이 있다.)
She *has just finished* her homework. [완료]
(그녀는 방금 숙제를 끝냈다.)
He *has lost* his keys. (그는 열쇠를 잃어버렸다.) [결과]

- 현재 완료 진행형 (have / has been + 동사 -ing)
  : 과거에 시작된 일이 현재까지 계속되고 있음을 나타낼 때

She *has been studying* for two hours.
(그녀는 두 시간 동안 공부하고 있다.)

② **과거 시제**
역사적 사실, 과거의 습관적 동작, 반복 등을 나타낸다.

- 과거 단순 시제
  : 과거에 일어난 사건이나 동작, 특정한 시간에 완료된 동작

I *watched* a movie last night. (나는 어젯밤 영화를 봤다.)

- 과거 진행형 (was / were + 동사 -ing)
: 과거의 특정 시간에 일어나고 있던 동작이나 사건

They *were playing* football when it started raining.
(그들은 축구를 하고 있었다 / 그때 비가 내리기 시작했다)

- 과거 완료형 (had + 과거분사)
: 과거의 특정 시간보다 더 이전에 일어난 동작이나 사건, 과거 어느 때를 기준으로 그 이전부터 기준시점까지의 계속, 경험, 완료, 결과

I *had lived* in Paris for five years before moving to Seoul.
(나는 파리에서 5년 동안 살았다 / 서울로 이사하기 전에) [계속]
He *had never seen* the ocean before he traveled to Hawaii.
(그는 바다를 본 적이 없었다 / 하와이에 여행 가기 전까지) [경험]
She *had just finished* her homework when her friend called.
(그녀는 막 숙제를 끝냈었다 / 친구가 전화했을 때) [완료]
He was late because he *had lost* his wallet. [결과]
(그는 늦었다 / 지갑을 잃어버려서)

- 과거 완료 진행형 (had been + 동사 -ing)
: 과거의 특정 시점에 이미 시작되어 계속 진행되고 있던 동작

They *had been working* for several hours before the meeting started.
(그들은 몇 시간 동안 일하고 있었다 / 회의가 시작되기 전에)

③ 미래 시제
앞으로 일어날 사건이나 동작을 표현한다.

- 미래 단순 시제 : 미래에 일어날 일, 예측, 계획된 일

 I *will visit* you next week. (나는 다음 주에 너를 방문할 것이다.)

- 미래 진행형 (will be + 동사 -ing)
 : 미래의 특정 시간에 진행 중인 동작

 This time next week, they *will be traveling* around Europe.
 (다음 주 이 시간에 그들은 유럽을 여행하고 있을 것이다.)

- 미래 완료형 (will have + 과거분사)
 : 미래의 특정 시점까지의 계속, 경험, 완료, 결과

 By next year, I *will have lived* in this city for ten years.
 (내년이면 나는 이 도시에서 10년 동안 살게 될 것이다.) [계속]
 By the time you arrive, I *will have visited* Paris twice.
 (네가 도착할 때쯤이면 나는 파리를 두 번 방문했을 것이다.) [경험]
 She *will have completed* her project by next week.
 (그녀는 다음 주까지 프로젝트를 완료할 것이다.) [완료]
 He *will have spent* all his money by the end of the month.
 (그는 이달 말까지 모든 돈을 써버렸을 것이다.) [결과]

- 미래 완료 진행형 (will have been + 동사 -ing)
: 미래의 특정 시점까지 계속 진행되고 있을 동작

By next year, she *will have been working* here for 10 years.
(내년까지 그녀는 이곳에서 10년 동안 일하고 있을 것이다.)

5. 준동사

준동사는 동사의 성질을 가지면서도 문장에서 명사, 형용사, 부사처럼 기능하는 형태이며 준동사에는 부정사, 동명사, 분사 세 가지가 있다.

(1) 부정사 (Infinitive)

부정사(不定詞)는 'to + 동사 원형'의 형태이며, **명사 역할**(주어, 목적어, 보어), 형용사 역할(명사 수식), 부사 역할(목적, 원인, 이유, 결과, 조건 등)을 할 수 있다.

To learn a new language is exciting. [주어]
(새로운 언어를 배우는 것은 흥미롭다.)
I want *to travel* around the world. [목적어]
(나는 전 세계를 여행하고 싶다.)
Her dream is *to become* a doctor. [주격 보어]
(그녀의 꿈은 의사가 되는 것이다.)
I have a book *to read*. (나는 읽을 책이 있다.) [명사 수식]

They *are to meet* at seven. [명사 수식]
(그들은 7시에 만날 예정이다.)
No one *was to* be seen on the street. [명사 수식]
(거리에 아무도 볼 수 없었다.)
I go to the gym every day *to keep* in shape. [목적]
(나는 체력관리를 위해 매일 체육관에 간다.)
I am proud *to take* the leading role in the play. [원인]
(그 연극의 주연을 맡게 되어 자랑스럽다.)
She must be crazy *to behave* like that. [이유·판단의 근거]
(저렇게 행동하는 것을 보니 그녀는 미친 것임에 틀림없다.)
She got up so early as *to be* on time for the first plane.
(그녀는 매우 일찍 일어나 첫 비행기를 탈 수 있었다.) [결과]
To hear him talk, you would think him a British man. [조건]
(그가 이야기하는 것을 듣는다면 너는 그가 영국 사람이라고 생각할 것이다.)

* 일부 동사들(enjoy, avoid, consider, finish 등)은 부정사 대신 동명사를 사용한다.

She *enjoys dancing*. (그녀는 춤추는 것을 즐긴다.)
Junny *avoids eating* junk food.
(Junny는 정크푸드 먹는 것을 피한다.)
They *considered changing* the plan.
(그들은 계획을 바꾸는 것을 고려했다.)

① 부정사의 의미상 주어

부정사의 의미상 주어는 부정사의 동작을 실제로 수행하는 주체이다. 보통 부정사 앞에 'for + 목적격' (cf. 성질을 나타내는 형용사 다음에는 'of + 목적격')를 사용하여 의미상 주어를 명확히 한다.

It is important *for us* to be careful when crossing the street. (우리가 길을 건널 때 조심하는 것은 중요하다.)
It is very *nice of you* to help us.
(네가 우리를 돕는 것은 매우 친절한 것이다.)

② 원형 부정사

원형 부정사는 'to' 없이 동사 원형만 사용되는 형태이며, 보통 조동사 (can, could, will, would, may, might, shall, should, must 등), 사역동사 (have, make, let 등), 지각동사 (see, hear, feel, watch, notice 등) 뒤에서 사용된다.

She *must study* harder for the exam.
(그녀는 시험을 위해 더 열심히 공부해야 한다.)
She *made* me *cry*. (그녀는 나를 울게 했다.)
I will *let* you *borrow* my car.
(나는 네가 내 차를 빌리도록 허락할 것이다.)
He *had* his assistant *call* the clients.
(그는 조수가 고객들에게 전화하도록 했다.)

I *saw* him *leave* the house.
(나는 그가 집을 떠나는 것을 보았다.)
They *watched* us *play* football.
(그들은 우리가 축구하는 것을 지켜보았다.)

cf. 지각동사·사역동사 다음의 원형부정사는 수동태에서는 'to 부정사'로 된다.

We *saw* her *break* the window.
⇒ She *was seen to break* the window by us.
(우리는 그녀가 창문을 깨는 것을 보았다.)
She *made* me *go* there.
⇒ I *was made to go* there by her.
(그녀는 내가 거기에 가도록 했다.)

③ 부정사의 부정
부정사의 부정은 부정사 앞에 'not'을 넣어서 나타낸다.

She decided *not to go* to the party.
(그녀는 파티에 가지 않기로 결정했다.)
I promised *not to be late* again.
(나는 다시는 늦지 않겠다고 약속했다.)

④ 부정사의 완료형 (to have + 과거분사)
과거에 이미 완료된 동작을 강조하고, 현재 상황에서의 결과에 대해 말할 때 사용한다.

She seems *to have forgotten* the meeting.
(그녀는 그 회의를 잊어버린 것 같다.)
He claims *to have solved* the problem.
(그는 문제를 해결했다고 주장한다.)
They appear *to have misunderstood* the instructions.
(그들은 지침을 잘못 이해한 것 같다.)

④ 부정사의 수동형 (to be + 과거분사)
동작의 주체가 명확하지 않거나 동작을 받는 사람이나 사물에 초점을 맞출 때 사용한다.

The book is said *to be written* by a famous author.
(그 책은 유명한 작가에 의해 쓰여졌다고 전해진다.)
The project is expected *to be completed* by next month.
(그 프로젝트는 다음 달까지 완료될 것으로 예상된다.)
The students were eager *to be given* the opportunity to study abroad.
(학생들은 해외에서 공부할 기회를 받기를 간절히 원했다.)

(2) 동명사 (Gerund)

동명사는 동사에 '-ing'를 붙여 명사의 역할을 하게 만든 형태이며, 동사에서 파생되었지만 **명사처럼 문장에서 쓰인다.** 동명사는 목적어, 보어를 취할 뿐만 아니라 부사(구)의 수식을 받으며, 주어, 목적어, 보어로 사용된다.

Swimming is a great exercise. [주어]
(수영은 훌륭한 운동이다.)
She suggested *going* to the museum. [목적어]
(그녀는 박물관에 가자고 제안했다.)
Keeping a diary is a good habit for children. [주어]
(일기를 쓰는 것은 아이들에게 좋은 습관이다.)
Her hobby is *painting*. (그녀의 취미는 그림그리기이다.) [보어]
I am interested in *learning* languages. [전치사의 목적어]
(나는 언어를 배우는 데 관심이 있다.)
It is nice *seeing* her again. [가주어-진주어]
(그녀를 다시 보는 것은 좋은 일이다.)
I found *it* awkward *talking* to her. [가목적어-진목적어]
(나는 그녀와 대화하는 것이 어색하다는 것을 알게 됐다.)

※ 동명사와 부정사의 차이
동명사는 행위나 상태를 일반적으로 언급할 때 사용된다. 이에 비해 부정사는 특정한 목적이나 미래의 의도를 나타낼 때 사용한다.

I like *reading* books.
(나는 일반적으로 책을 읽는 행위를 좋아한다.)
I like *to read* books.
→ 특정 시점에서 책을 읽는 것을 좋아한다고 말하는 경우
She stopped *smoking*. (그녀는 담배를 끊었다.)
She stopped *to smoke*. (그녀는 담배를 피우기 위해 멈췄다.)

① 동명사의 의미상 주어
동명사의 의미상 주어는 동명사의 동작을 실제로 수행하는 주체이다. 보통 동명사 앞에 소유격으로 나타낸다.

I don't like *his speaking* in class.
(나는 그가 수업 중에 말하는 것을 좋아하지 않는다.)
I am surprised at *their coming* so early.
(나는 그들이 그렇게 일찍 오는 것에 놀랐다.)

② 동명사의 완료형 (having + 과거분사)
과거의 행위나 상태를 나타낼 때 사용한다.

She regrets *having missed* the concert.
(그녀는 그 콘서트를 놓친 것을 후회한다.)
He admitted *having made* a mistake.
(그는 실수를 한 것을 인정했다.)

I am sorry for *having caused* so much trouble.
(그렇게 많은 문제를 일으킨 것에 대해 미안하다.)

③ 동명사의 수동형 (being + 과거분사)
행위의 주체가 아닌 행위의 대상이 강조될 때 사용한다. 이때 행위자는 명시되지 않거나 생략될 수 있다.

She apologized for *being misunderstood*.
(그녀는 오해받은 것에 대해 사과했다.)
The children were punished for *being caught* cheating.
(아이들은 부정행위가 적발된 것에 대해 처벌을 받았다.)

※ 전치사의 목적어로 쓰이는 동명사

일반적으로 동명사는 전치사 뒤에 위치하여 전치사의 목적어로 사용된다. 이 경우 동명사는 명사의 역할을 하면서, 행위나 상태를 나타내는 동사의 의미를 유지한다.

She is interested *in learning* new languages.
(그녀는 새로운 언어를 배우는 데 관심이 있다.)
They insisted *on coming* to the party.
(그들은 파티에 오는 것을 고집했다.)
She is good *at drawing* portraits.
(그녀는 초상화를 그리는 데 능숙하다.)

He apologized *for being late*.
(그는 늦은 것에 대해 사과했다.)
We talked *about going* on vacation next month.
(우리는 다음 달에 휴가 가는 것에 대해 얘기했다.)
He succeeded *by working* hard every day.
(그는 매일 열심히 일함으로써 성공했다.)
She solved the problem *with studying* all night.
(그녀는 밤새 공부함으로써 문제를 해결했다.)

(3) 분사 (Participle)

분사는 동사의 형태를 갖고 있으면서, **형용사처럼 직접 명사를 수식하거나, 보어로서 주어 혹은 목적어를 서술적으로 수식**한다. 분사는 크게 현재분사와 과거분사로 나뉜다.

① 현재분사 [능동 · 진행]
현재분사는 동사의 원형에 '-ing'를 붙여 형성되며, 진행 중인 동작이나 상태를 나타낸다.

She is *reading* a book. (그녀는 책을 읽고 있다.) [진행]
The *crying* baby needs attention. [능동]
(울고 있는 아기는 주의가 필요하다.)

② 과거분사 [수동·완료]
과거분사는 완료된 동작이나 수동적 의미를 나타낸다.

The project has been *completed*. [완료]
(그 프로젝트는 완료되었다.)
The book was *written* by Shakespeare. [수동]
(그 책은 셰익스피어에 의해 쓰였다.)
The *fallen* leaves covered the ground. [수동]
(떨어진 나뭇잎들이 땅을 덮었다.)

③ 분사가 주격보어, 목적격보어로 쓰이는 경우
주어나 목적어가 분사로 표현된 행위의 주체(능동의 관계)일 때는 현재분사를, 행위의 대상(수동의 관계)일 때는 과거분사를 사용한다.

She seems *tired* after the long trip. [주격보어]
(그녀는 긴 여행 후에 피곤해 보인다.)
I found the book *interesting*. [목적격보어]
(나는 그 책이 흥미롭다고 느꼈다.)
She saw the children *playing* outside. [목적격보어]
(그녀는 아이들이 밖에서 놀고 있는 모습을 보았다.)
They considered him *fired* from the company. [목적격보어]
(그들은 그를 회사에서 해고된 것으로 간주했다.)

6. 명사절

명사절은 문장에서 명사처럼 역할을 하는 절이다. 명사절은 주어, 목적어, 보어 등의 문장 성분으로 사용되며, 접속사로 시작한다.

* 명사절을 이끄는 접속사
 : what, that, whether, if, who, how, why 등

What he said surprised everyone. [주어]
(그가 말한 것이 모두를 놀라게 했다.)
Whether we will go to the park depends on the weather.
(우리가 공원에 갈지 안 갈지는 날씨에 달려 있다.) [주어]
She is wondering *if they will come to the party*. [목적어]
(그녀는 그들이 파티에 올지 궁금해 하고 있다.)
I can't believe *that he lied to me*. [목적어]
(나는 그가 나에게 거짓말을 했다는 것을 믿을 수 없다.)
I don't understand *what you mean*. [목적어]
(나는 네가 무슨 말을 하는지 이해하지 못한다.)
I wonder *why she left early*. [목적어]
(나는 왜 그녀가 일찍 떠났는지 궁금하다.)
The problem is *that we don't have enough time*. [보어]
(문제는 우리가 시간이 부족하다는 것이다.)
The question is *how we start*. [보어]
(문제는 우리가 어떻게 시작하느냐이다.)

※ 동격절을 이끄는 'that'과 관계대명사 'that' 비교

동격절을 이끄는 'that'은 접속사로 사용되어 명사 뒤에 그 명사를 구체화하거나 보충 설명하는 동격절을 이끈다. 이에 비해 관계대명사로서 'that'은 명사를 수식하며, 앞서 언급된 명사와 관련된 추가 정보를 제공한다. 동격절을 이끄는 that 뒤에는 완전한 절이, 관계대명사 that 뒤에는 불완전한 절이 온다.

The belief *that hard work pays off* is common. [동격절]
(노력은 보상받는다는 믿음은 흔하다.)
The book *that you gave me* is interesting. [관계대명사절]
(네가 나에게 준 그 책은 흥미롭다.)

#5. 명사구

명사구는 '문장에서 주어, 목적어, 보어 등의 명사 역할을 하는 구'로, 동명사구와 부정사구는 명사구의 대표적인 예이다.

Reading books is my hobby. (책 읽기는 나의 취미다.) [주어]
He is interested in *learning new languages*.
(그는 새로운 언어를 배우는 것에 관심이 있다.) [전치사의 목적어]
To travel around the world is his dream. [주어]
(전 세계를 여행하는 것이 그의 꿈이다.)
She decided *to study abroad next year*. [목적어]
(그녀는 내년에 유학을 가기로 결정했다.)

7. 형용사절

형용사절은 **명사를 수식하여, 그 명사에 대해 추가적인 정보를 제공**하는 절이다. 형용사절을 이끄는 주요 연결어는 관계대명사와 관계부사로, 각각 명사 자리에 쓰이거나 명사를 수식하는 역할을 한다. 즉, 관계사는 문장에서 명사 바로 뒤에 위치하여 '덧붙이는 설명'의 형태로 앞선 명사를 보충한다.

(1) 관계대명사절

관계대명사는 주격, 목적격, 소유격 등으로 사용되어 명사를 대신하거나 명사에 대한 추가적인 정보를 제공하는 역할을 한다. 관계대명사의 격은 관계대명사가 관계대명사절에서 대신하는 문장요소에 따라 결정된다. 즉, 주어를 대신하면 주격(who, which, that), 목적어를 대신하면 목적격(whom, which, that), 소유를 나타내는 his, her 등을 대신하면 소유격(whose 또는 of which)이다.

The woman *who is standing over there* is my aunt. [주격]
(저기 서 있는 여성은 내 이모이다.)
The teacher *whom I met yesterday* is very kind. [목적격]
(내가 어제 만난 선생님은 매우 친절하다.)
The movie *which we watched last night* was exciting.
(우리가 어젯밤에 본 영화는 흥미로웠다.) [목적격]
The girl *whose father is a doctor* is my friend. [소유격]
(아버지가 의사인 그 소녀는 내 친구이다.)

(2) 관계부사절

관계부사는 **시간, 장소, 이유, 방법을 나타내는 명사를 수식하는 형용사절을 이끌 때** 사용된다. 특히 관계부사 **where**는 situation, condition, circumstance와 같은 **장소 개념을 가진 추상 명사를 선행사로 할 때**도 사용될 수 있다.

I remember the day *when we first met*.
(우리가 처음 만났던 날을 기억한다.)
The park *where we used to play* is now closed.
(우리가 자주 놀았던 그 공원은 이제 닫혔다.)
I don't understand the reason *why she left early*.
(내가 그녀가 일찍 떠난 이유를 이해하지 못한다.)
There are circumstances *where quick decision-making is crucial*. (신속한 의사 결정이 중요한 상황들이 있다.)
This is the situation *where everyone must stay calm*.
(이것은 모두가 침착함을 유지해야 하는 상황이다.)
This medication should be stored under conditions *where the temperature remains stable*.
(이 약은 온도가 안정적으로 유지되는 환경에서 보관해야 한다.)

※ 관계사의 계속적 용법

계속적 용법의 관계사절은 **명사에 대한 추가적인 정보를 제공**하는 형용사절로, 명사의 의미를 제한하거나 정의하지 않고 단순히 추가적인 설명을 한다는 점에서 제한적 용법과 구별된다. 계속적 용법에서 관계사는 쉼표로 구분되며, 그 절이 필수적이지 않고 문장의 주요 의미를 방해하지 않는다. 이 용법은 명사 뒤에 쉼표를 넣고 그 명사에 대한 부가적인 정보를 제공하는 방식이다. 다만, 관계대명사 what과 that은 계속적 용법으로 쓰지 않는다.

He said nothing, *which [= and it] made her more angry*.
(그는 아무것도 말하지 않았고, 그것은 그녀를 더욱 화나게 했다.)
I met Oliver, *who [= and he] gave me this book*.
(나는 Oliver를 만났고, 그는 나에게 이 책을 줬다.)
We went to Phuket, *where [= and there] we stayed for a week*. (우리는 푸켓에 갔고, 거기서 일주일간 머물렀다.)

※ 관계사의 생략

① 목적격 관계대명사는 생략할 수 있다.

He is *the farmer (whom) I met* in the field.
(그는 농부이다 / 내가 들판에서 만났던)
Everything (that) I did made my wife angry.
(내가 한 모든 것이 내 처를 화나게 했다.)

The movie (which [that]) I saw last Sunday was interesting. (내가 지난주 일요일에 본 영화는 재밌었다.)
The road (which [that]) she was driving on this morning was dangerous.
(그녀가 오늘 아침에 운전한 도로는 위험했다.)

② 관계대명사가 보어가 될 때 생략할 수 있다.

Alice is not *the cheerful woman (that) she used to be*.
(Alice는 활기찬 여성이 아니다 / 예전처럼)

③ 관계부사는 이유를 나타내는 'why'를 제외하고는 일반적으로 생략 가능하다.

The day *(when)* we met was unforgettable.
(우리가 만났던 날이 잊혀지지 않는다.)
The place *(where)* we first met is now a shopping mall.
(우리가 처음 만났던 장소가 지금은 쇼핑몰이다.)
The reason why I left early was because I was tired.
(내가 일찍 떠난 이유는 피곤했기 때문이다.)

※ 관계부사의 선행사는 생략할 수 있으며 이 경우 관계부사는 명사절을 이끈다.

This is *(the place) where she met him*. [보어]
(이곳은 그녀가 그를 만난 장소이다.)
This is *how I have studied English for the past forty three years*. [보어]
(이것이 내가 지난 43년간 영어를 공부해온 방법이다.)
I cannot figure out *(the reason) why the meeting was not canceled*. [목적어]
(나는 그 미팅이 취소되지 않은 이유를 이해할 수 없다.)

※ 관계대명사가 전치사의 목적어일 때 어순

관계대명사가 전치사의 목적어로 사용될 때, 전치사는 관계대명사 뒤에 위치해야 하며, 이 형태는 주로 일상적인 영어에서 사용된다. 다만, 격식적이고 문어체적인 영어에서는 전치사를 관계대명사 앞에 위치시킬 수도 있다.

The book *(that) I was looking for* is on the table.
(내가 찾고 있던 그 책이 테이블 위에 있다.)
The book *for which I was looking* is on the table. [문어체]
The person *(whom) I spoke to* is my teacher.
(내가 이야기한 그 사람은 내 선생님이다.)
The person *to whom I spoke* is my teacher. [문어체]

※ 관계대명사와 관계부사의 차이점

관계대명사는 '접속사와 대명사', 관계부사는 '접속사와 부사'의 역할을 한다. 관계대명사는 관계절 안에서 주어, 목적어, 전치사의 목적어 역할을 할 수 있어 불완전한 절을 이끈다. 반면, 관계부사는 관계절 내에서 부사 역할만 하기 때문에 그 절은 문법적으로 완전한 구조를 가진다. 즉, **관계대명사는 불완전한 절을 이끌고, 관계부사는 완전한 절을 이끈다.**

The house *which is on the hill* is my father-in-law's.
(언덕 위의 집은 장인어른의 집이다.) [주격관계대명사]
He lives in the house *which they built* ten years ago.
(그는 집에서 살고 있다 / 10년 전에 지어진) [목적격관계대명사]
The house *where he lives* is very expensive. [관계부사]
The house *which he lives in* is very expensive.
(그가 사는 집은 매우 비싸다.) [관계대명사 - 전치사의 목적어]
I know a girl *who has three cats*. [주격관계대명사]
(나는 소녀를 안다 / 고양이 세 마리를 키우는)
This is the spot *where I found your wallet*. [관계부사]
(여기가 그 지점이다 / 내가 너의 지갑을 찾은)

※ 관계대명사 what은 선행사를 포함한 관계대명사로 문장에서 **주어, 목적어, 보어 등 명사 역할**을 하는 명사절을 형성한다.

What she said surprised me. [주어]
(그녀가 말한 것이 나를 놀라게 했다.)
I don't understand *what he means*. [목적어]
(나는 이해하지 못한다 / 그가 무슨 말을 하는지)
The problem is *what you decided yesterday*. [보어]
(문제는 네가 어제 결정한 것이다.)

#6. 복합관계대명사와 복합관계부사

복합관계대명사 [복합관계부사]는 관계사이면서 동시에 부정문 또는 조건문에서 **"선행사를 포함한 명사 [부사] 역할"**을 한다. 즉, 선행사가 따로 필요 없이 자체적으로 명사절이나 부사절을 이끌 수 있다.

- 복합관계대명사 (whoever, whomever, whichever, whatever)는 **명사절을 이끌어 주어, 목적어 역할**을 하며, '누구든지, 무엇이든지, 어떤 것이든지'라는 의미로 사용한다.

Whoever [= Anyone who] arrives first will get the prize. [주어]
(누구든지 먼저 도착하는 사람이 상을 받을 것이다.)
Whatever [= Anything that] he says is not true. [주어]
(그가 무엇을 말하든 사실이 아니다.)
You can choose *whichever dress you like*. [목적어]
(네가 좋아하는 어떤 드레스든 골라도 된다.)

- 복합관계 부사 (wherever, whenever, however)는 **부사절을 이끌어**, '언제든지, 어디든지, 어떻게든'의 의미로 사용한다.

Wherever you go, I will follow you.
(네가 어디를 가든지 나는 따라갈 것이다.)
Whenever she calls, he is busy.
(그녀가 언제 전화를 하든 그는 바쁘다.)
You can do it *however you want*.
(네가 원하는 어떤 방식으로든 그것을 할 수 있다.)

#7. 형용사구

형용사구는 문장에서 명사를 수식하는 역할을 한다. 특히 부정사구, 전치사구, 분사구 (현재분사·과거분사)는 명사 앞이나 뒤에서 명사를 꾸며주는 경우가 많다.

She has a book *to read*. [부정사구]
(그녀는 읽을 책을 가지고 있다.)
He is a man *of great influence*. [전치사구]
(그는 큰 영향력을 가진 사람이다.)
The lady *sitting on the bench* is my mom. [분사구]
(벤치에 앉아있는 분은 내 어머니이다.)
The books *presented in newspapers* are popular among teenagers. [분사구]
(신문에 소개된 책들은 10대들에게 인기가 있다.)

8. 부사절

부사절은 문장에서 부사 역할을 하며, 동사, 형용사, 문장 전체의 의미를 수식하거나 부연할 수 있다. 부사절은 **종속접속사로 시작하며, 시간, 이유, 조건, 목적, 결과, 양보, 비교 등의 의미를 전달**한다.

[시간] when, while, as, before, after, since, until, once, whenever, as soon as, by the time, the moment

I will call you *when I arrive home*.
(너에게 전화할게 / 내가 집에 도착하면)
She was cooking *while I was watching TV*.
(그녀는 요리를 했고 / 그동안 나는 TV를 보았다.)
I saw a strange animal *as I was driving through the forest*. (나는 이상한 동물을 보았다 / 숲을 지나 운전하고 있을 때)
She has been smiling *since she read the letter*.
(그녀는 계속 웃고 있다 / 편지를 읽은 이후)
Once you finish your work, you can take a break.
(일을 끝내면 쉬어도 된다.)
As the economy grows, people's living standards improve.
(경제가 성장함에 따라 사람들의 생활수준이 향상된다.)

[장소] where, wherever

Where there is a will, there is a way.
(뜻이 있는 곳에 길이 있다.)
Wherever you go, I will follow you.
(네가 어디를 가든 나는 따라갈 것이다.)

[이유] because, since, as, now that, in that

I stayed home *because I was sick*.
(나는 집에 있었다 / 아팠기 때문에)
Since it was raining, we decided to stay inside.
(비가 오고 있었기 때문에 우리는 안에 있기로 했다.)
I can't exercise, *as my elbow still hurts*.
(나는 운동할 수 없다 / 팔꿈치가 아직 아파서)

[조건] if, when, unless, in case, suppose, supposing that, granted that, provided that

If you study hard, you will pass the exam.
(열심히 공부하면 시험에 합격할 것이다.)
I won't go outside *unless it stops raining*. (= if it does not stop raining)
(나는 밖에 나가지 않을 것이다 / 비가 멈추지 않으면)

You will succeed *provided (that) you work hard*.
(너는 성공할 것이다 / 열심히 일하는 한)
In case it rains, take an umbrella.
(비가 올 경우를 대비해서 우산을 가져가라.)
Suppose you win the lottery, what will you do?
(네가 복권에 당첨된다면 무엇을 할 거야?)

[대조/양보] although, though, even though, even if, while, whether, whereas

Although he was tired, he continued working.
(그는 피곤했지만 계속 일했다.)
Even though it was raining, they played soccer.
(비가 오고 있었지만, 그들은 축구를 했다.)
While she enjoys classical music, he prefers rock music.
(그녀는 클래식 음악을 즐기는 반면, 그는 록 음악을 더 좋아한다.)
His brother is very shy *whereas he is outgoing*.
(그의 형은 매우 내성적인 반면, 그는 외향적이다.)

[방법/상태/제한] as, as if, as though, as long as, so long as

When in Rome do *as the Romans do*.
(로마에 있을 때는 로마 사람들처럼 행동하라)
He talks *as if he were an American*.
(그는 말한다 / 미국인인 것처럼)
As long as you follow the instructions, you will succeed.
(네가 지시사항을 따르는 한 성공할 것이다.)

[목적] so that, in order that

She studies hard *so that she can get a scholarship*.
(그녀는 열심히 공부한다 / 장학금을 받기 위해)
I spoke slowly *in order that he could understand me*.
(나는 천천히 말했다 / 그가 나를 이해할 수 있도록)

[결과] so~that, such~that

He was *so* tired *that* he fell asleep immediately.
(그는 너무 피곤해서 바로 잠들었다.)
It was *such* a hot day *that* we decided to go swimming.
(날씨가 너무 더워서 우리는 수영하러 가기로 했다.)

※ 일반적으로 접속사 that 앞에는 전치사를 쓸 수 없다. 왜냐하면 that은 전치사의 목적어 역할을 할 수 없기 때문이다. 다만, "in that" (~라는 점에서), "except that" (~이라는 것 이외는) 등의 관용적 표현은 예외로 사용된다.

This document is important *in that* it proves my innocence. (이 서류는 내 결백을 증명한다는 점에서 중요하다.)
This car is perfect *except that* it costs too much money. (이 차는 너무 비싸다는 점을 제외하면 완벽하다.)

※ "접속사 + 부사절" & "전치사 + 명사(구)"

While it was raining heavily, James stayed home.
= *During the heavy rain*, James stayed home.
(비가 많이 오는 동안 James는 집에 머물렀다.)
Although she made an effort, she failed the exam.
= *Despite [= In spite of] her efforts*, she failed the exam.
(비록 그녀는 노력했지만, 시험에서 떨어졌다.)
Because *he is kind*, everyone likes him.
= *Because of [= Owing to, Due to] his kindness*, everyone likes him.
(그가 친절하기 때문에 모든 사람이 그를 좋아한다.)

#8. 분사구문

주절과 부사절의 주어가 같을 때, **분사를 이용해 부사절을 분사구문으로 바꿔 문장을 간결하게 표현할 수 있다**. 분사구문은 "**접속사 + 주어 + 동사**"의 부사절을 분사를 이용하여 부사구로 나타낸 것이다.
⇒ 접속사 제거, 부사절의 주어가 주절의 주어와 같으면 주어 생략, 동사를 분사 형태로 변경

As I have no money, I can't buy the car.
= *Having no money*, I can't buy the car.
(나는 돈이 없어서 그 차를 살 수 없다.)

분사구문은 **시간, 이유, 조건, 양보, 결과, 동시동작 (부대상황)** 등을 나타낸다.

Walking along the street, I met a friend of mine. [시간]
= *While I was walking along the street*, ~
(나는 길을 따라 걷다가 친구 한 명을 만났다.)
Not knowing what to do, she asked me for help. [이유]
= *As he didn't know what to do*, ~
(그녀는 무엇을 할지 몰라서 나에게 도움을 요청했다.)
Turning to the right there, you will find the gym. [조건]
= *If you turn to the right there*, ~
(바로 저기에서 우회전하면 그 체육관을 찾을 수 있을 거야.)

Living next to her house, I seldom see her. [양보]
= *Though I live next to her house*, ~
(나는 그녀의 바로 옆집에 살고 있지만 그녀를 거의 보지 못한다.)
The train left the station at six, *arriving in Seoul on time*. [결과]
= The train left the station at six, *and it arrived* ~
(기차는 6시에 역을 떠났고, 그 결과 서울에 제시간에 도착했다.)
Smiling brightly, he shook hands with me. [부대상황]
= *As he smiled* brightly, ~
(그는 밝게 웃으면서 나와 악수를 했다.)

① 분사구문을 사용하면 문장을 간결하고 자연스럽게 표현할 수 있다. 하지만 주절과 주어가 다를 경우, 의미상 주어를 명시해야 하며, 문맥상 모호한 문장을 피해야 한다.
⇒ 의미상 주어가 주절의 주어와 다른 경우 의미상의 주어를 분사 앞에 놓는다. (독립분사구문)

Weather permitting, *we* will go camping.
(날씨가 허락한다면, 우리는 캠핑 갈 것이다.)

② 완료형의 분사구문 (Having p.p.)
: 주절보다 먼저 일어난 일을 표현할 때 사용한다.

Having finished her homework, she went to bed.
(그녀는 숙제를 끝낸 후에 잠자리에 들었다.)

Having lost his key, he couldn't enter the house.
(그는 열쇠를 잃어버려서 집에 들어갈 수 없었다.)

③ 수동태의 분사구문에서 Being이나 Having been은 생략되는 경우가 많다.

(Being) Left alone, the boy began to sob.
= Because he was left alone, ~
(혼자 남겨지자 그 소년은 울기 시작했다.)
(Having been) Born and brought up in Thailand, she speaks Thai fluently.
= As she was born and brought up in Thailand, ~
(태국에서 태어나고 자라서 그녀는 태국어를 유창하게 말한다.)

④ 분사구문의 부정은 Not, Never를 분사 앞에 놓는다.

Not knowing the truth, he believed her.
(진실을 몰라서 그는 그녀를 믿었다.)
Not delivered on time, the package caused the customer to complain. (소포가 제때 배송되지 않아서 고객이 불평했다.)
Not having prepared for the interview, he failed.
(면접을 준비하지 않아서 그는 떨어졌다.)
Not having been completed, the task required them to work late.
(작업이 완료되지 않아서 그들은 늦게까지 일해야 했다.)

⑤ "with + 명사 + 분사"구가 문장 뒤에 오면 부가적인 상황을 덧붙이는 역할을 한다. 이때 명사와 분사는 주어와 술어의 관계이다. (능동이면 현재분사, 수동이면 과거분사)

She walked out of the room, *with tears streaming* down her face. (그녀는 방을 나갔다 / 눈물을 흘리면서)
The students sat quietly, *with their eyes fixed* on the teacher. (학생들은 조용히 앉아 있었다 / 선생님을 주시한 채)

#9. 부사구

부사구란 문장에서 동사, 형용사, 다른 부사 등을 수식하는 역할을 하는 구이다. 부정사구와 전치사구는 중요한 부사구의 종류이다.

① 부정사구가 문장에서 부사 역할을 하는 경우 목적, 원인, 결과, 조건, 이유, 감정의 원인 등을 나타낸다.

I study hard *to pass the exam*. [목적]
(나는 시험에 합격하기 위해 열심히 공부한다.)
She was happy *to see her friend again*. [원인]
(그녀는 친구를 다시 만나서 행복했다.)
He grew up *to be a great scientist*. [결과]
(그는 자라서 위대한 과학자가 되었다.)
To hear him talk, you would think he is an expert. [조건]
(그가 말하는 것을 듣는다면, 그는 전문가라고 생각할 것이다.)

② 전치사구가 문장에서 부사 역할을 하는 경우 동사, 형용사, 부사를 수식하여 구체적인 정보 (장소, 시간, 방법 등)를 제공하는 역할을 한다.

His dog followed him *into the room*.
(그의 강아지는 그를 따라 방으로 들어갔다.)
We kept walking *in search of water*.
(우리는 물을 찾아 계속 걸었다.)
He was in his room all day *with the door closed*.
(그는 문을 잠근 채 온종일 방에 머물렀다.)

9. 전치사 (Preposition)

전치사는 명사나 대명사 앞에 위치하여 문장에서 다른 단어와의 관계를 나타내는 품사이며, 주로 장소, 시간, 방법, 이유, 방향 등을 표현하는 역할을 한다. "**전치사 + 명사 (구)**"는 문장에서 **부사구** 또는 **형용사구 역할**을 **한다**.

She is *in* the room. [~ 안에] (그녀는 방 안에 있다.)
The book is *on* the table. [~ 위에] (책이 테이블 위에 있다.)
We met *at* the station. [~ 에 (지점)] (우리는 역에서 만났다.)
The cat is *under* the table. [~ 아래에]
(고양이가 테이블 아래에 있다.)

The park is *between* the bank and the school. [~ 사이에]
(공원이 은행과 학교 사이에 있다.)
She was born *in* 1995. [~ (월, 연도, 세기, 긴 기간)]
(그녀는 1995년에 태어났다.)
We have a meeting *on* Monday. [~ (특정한 날)]
(우리는 월요일에 회의가 있다.)
The train arrives *at* 5 PM. [~ (시각, 특정 지점)]
(기차가 오후 5시에 도착한다.)
He has lived here *since* 2010. [~ 이후로]
(그는 2010년부터 여기 살고 있다.)
She stayed in Paris *for* a week. [~ (기간) 동안]
(그녀는 파리에 일주일 동안 머물렀다.)
He went *to* the park. [~ 로 (목적지)] (그는 공원으로 갔다.)
She walked *into* the room. [~ 안으로]
(그녀는 방 안으로 걸어 들어갔다.)
The cat jumped *onto* the table. [~ 위로]
(고양이가 테이블 위로 뛰어올랐다.)
They came *from* Canada. [~ 에서] (그들은 캐나다에서 왔다.)
She got *out of* the car. [~ 밖으로] (그녀는 차에서 내렸다.)
He came *by* car. [~ 로 (교통수단)] (그는 차로 왔다.)
She wrote the letter *with* a pen. [~ 을 사용하여]
(그녀는 펜으로 편지를 썼다.)

We traveled *through* the tunnel. [~ 을 통해]
(우리는 터널을 통해 여행했다.)
She spoke *in* English. [~ 으로 (언어, 화폐 단위)]
(그녀는 영어로 말했다.)
The flight was delayed *because of* the weather. [~ 때문에]
(비행기는 날씨 때문에 지연되었다.)
The cancellation was *due to* technical issues. [~ 때문에]
(취소는 기술적인 문제 때문이었다.)
Thanks to his advice, I passed the exam. [~ 덕분에]
(그의 조언 덕분에 나는 시험에 합격했다.)
According to the report, sales increased. [~ 에 따르면]
(보고서에 따르면 매출이 증가했다.)
He drank tea *instead of* coffee. [~ 대신에]
(그는 커피 대신 차를 마셨다.)
Apart from John, everyone was there. [~ 을 제외하고]
(John을 제외하고 모두 거기에 있었다.)
We will go *regardless of* the weather. [~ 에 상관없이]
(날씨에 상관없이 우리는 갈 것이다.)

※ 전치사의 목적어

전치사 뒤에 오는 단어나 어구를 전치사의 목적어라 한다. 전치사의 목적어는 **명사, 대명사, 명사 상당어구가 된다. 전치사의 목적어로 동사가 올 때는 동명사이어야 한다.**

She went *to the park* and played *with her dog*.
(그녀는 공원에 가서 강아지와 놀았다.)
I don't eat sweets *except when I'm really craving them*.
(나는 정말로 단것을 먹고 싶을 때 외에는 과자를 먹지 않는다.)
Our decision will be based *on what the data shows*.
(우리의 결정은 데이터가 보여주는 것에 근거할 것이다.)
We are curious *about why he left so suddenly*.
(우리는 그가 왜 그렇게 갑자기 떠났는지 궁금하다.)
Before leaving the house, she checked the weather.
(집을 나서기 전에, 그녀는 날씨를 확인했다.)
She apologized *for coming late* to the meeting.
(그녀는 회의에 늦게 온 것에 대해 사과했다.)
Thank you very much *for inviting* us.
(우리를 초대해줘서 고마워)
She chose to walk *instead of taking* the bus.
(그녀는 버스를 타는 대신 걷기를 선택했다.)

10. 비교구문

비교구문은 두 개 이상의 대상이 서로 비교될 때 사용되며, 크게 원급, 비교급, 최상급 세 가지로 나눌 수 있다.

① 원급 : 'as + 형용사/부사 + as'
* 부정형은 'not as + 형용사/부사 + as' 또는
　　　　　'less + 형용사/부사 + than'

This book is *as interesting as* that one.
(이 책은 저 책만큼 흥미롭다.)
James runs *as fast as* his mom.
(James는 엄마만큼 빨리 달린다.)
The weather is *not as cold as* yesterday.
(날씨가 어제만큼 춥지는 않다.)
She is *not as tall as* her sister.
(그녀는 언니만큼 키가 크지 않다.)
This task is *less difficult than* the previous one.
(이 과제는 이전 것보다 덜 어렵다.)

② 비교급 : '형용사/부사의 비교급 + than'

This bag is *cheaper than* that one.
(이 가방이 저 가방보다 더 싸다.)
He is *more diligent than* his friend.
(그는 친구보다 더 성실하다.)

* 비교급 강조 표현 : much, far, even, still + 비교급

This book is *much more interesting* than that one.
(이 책은 저 책보다 훨씬 더 흥미롭다.)
He runs *far faster than* I expected.
(그는 내가 예상했던 것보다 훨씬 더 빨리 달린다.)
Catherine became *still more confident* after winning the competition.
(Catherine은 대회에서 우승한 후 더욱더 자신감이 생겼다.)

※ 더 ~할수록 더 ~하다
: 'The + 비교급 + S + V, the + 비교급 + S + V'

The more you study, *the better* you will do on the test.
(공부를 많이 할수록 시험을 더 잘 볼 것이다.)
The harder he works, *the richer* he becomes.
(그가 열심히 일할수록 더 부자가 된다.)

③ 최상급 : 'the + 형용사/부사의 최상급'

Rachel is *the most talented* singer in our school.
(Rachel은 우리 학교에서 가장 재능 있는 가수이다.)
This is *the best* movie I have ever seen.
(이것은 내가 본 영화 중 가장 좋은 영화다.)

* 최상급 강조 표현 : by far, much, the very + 최상급

This is *by far the most expensive* car.
(이것이 단연코 가장 비싼 차다.)
James is *the very best* player on the team.
(James는 팀에서 단연 최고 선수이다.)
This is *much the best* movie I have ever seen.
(이것은 내가 본 영화 중 단연코 가장 최고다.)

④ 배수 비교 구문
: '배수사 + as + 원급 + as' 또는 '배수사 + 비교급 + than'

This house is *twice as big as* mine.
(이 집은 내 집의 두 배 크기다.)
This computer is *three times more expensive* than that one. (이 컴퓨터는 저것보다 세 배 더 비싸다.)

⑤ 비교급을 활용한 표현

He is *no taller than* his brother. [~보다 더 ~하지 않다]
(그는 형보다 더 크지 않다.)
It costs *no more than* 10 dollars. [기껏해야 / 적어도]
(그것은 겨우 10달러밖에 안 든다.)
I have *as many as* 10 cats. [무려 ~만큼]
(나는 무려 10마리의 고양이를 키운다.)

⑥ 관용적 비교 표현

Call me *as soon as* you arrive. [~하자마자]
(도착하자마자 전화해.)
As far as I know, he is honest. [~하는 한]
(내가 아는 한 그는 정직하다.)
The job is *more or less* done. [거의, 대략]
(그 일은 거의 끝났다.)
This is *not so much* a job *as* a passion for her.
[A라기보다는 (차라리) B이다]
(이것은 직업이라기보다는 오히려 그녀의 열정이다.)
You *may as well* throw your phone away *as* keep using that broken screen. [B하느니 차라리 A하는 것이 낫다]
(깨진 화면을 계속 쓰느니 차라리 핸드폰을 버리는 게 낫다.)
We *might as well* leave before the traffic gets worse.
(교통이 더 나빠지기 전에 떠나는 게 낫겠다.) [~하는 편이 낫다]
Money is *no more* important *than* happiness is.
[A가 ~인 것은 B가 ~인 것보다 더하지 않다]
(돈이 중요한 것은 행복이 중요한 것보다 더하지 않다)
She *knows better than* to trust a stranger.
[~할 정도로 어리석지는 않다]
(그녀는 낯선 사람을 믿을 정도로 어리석지는 않다.)
I had *no sooner* sat down *than* the phone rang.
[~하자마자 …하다] (내가 앉자마자 전화가 울렸다.)

※ 최상급의 의미를 나타내는 여러 가지 표현들

The Amazon River is *the longest* river in the world.
(아마존강은 세계에서 가장 긴 강이다.)
= *No (other)* river in the world is *as[so] long as* the Amazon River. (세계에서 아마존강만큼 긴 강은 없다.)
= *No (other)* river in the world is *longer than* the Amazon River. (세계에서 아마존강보다 더 긴 강은 없다.)
= The Amazon River is *longer than any other* river in the world. (아마존강은 세계의 다른 어떤 강보다 길다.)
= The Amazon River is *the longest of all* (the) rivers in the world. (아마존강은 세계의 모든 강 중에서 가장 길다.)

11. 특수구문

(1) 도치구문

문장의 어순이 바뀌는 구문으로 부정어, 장소·방향 부사, 보어 등이 문장 앞에 올 때 도치가 발생한다. 특히, 부정의 뜻을 나타내는 특정 어구를 강조하기 위해 문장 앞으로 보내는 경우 주어와 동사의 순서가 바뀌는 도치가 일어난다.

① 부정어 (Not until, Never, Hardly, Scarcely, No sooner 등)가 문두에 오는 경우

Never have I seen such a beautiful sunset.
(나는 그렇게 아름다운 석양을 본 적이 없다.)
Not until yesterday *did he realize* his mistake.
(그는 어제서야 자신의 실수를 깨달았다.)

② 장소·방향 부사 (Here, There, Out, In 등)가 문두에 오는 경우

Here comes the bus. (버스가 온다.)
Out of the house *ran the children*.
(아이들이 집 밖으로 뛰쳐나왔다.)

③ 보어가 문두에 오는 경우

So difficult was the test that many students failed.
(그 시험이 너무 어려워서 많은 학생들이 낙제했다.)

※ It ~ that 강조구문
문장의 특정 부분을 강조할 때 사용하며 주어, 목적어, 부사구 등 다양한 요소가 강조될 수 있다.

It was *Tom* that broke the window.
(창문을 깬 사람은 Tom이었다.)
It is *honesty* that matters the most.
(가장 중요한 것은 정직이다.)
It was *in 2005* that they got married.
(그들이 결혼한 것은 2005년이었다.)

(2) 삽입구문
삽입구문은 문장 속에서 설명을 덧붙이거나 의미를 보충하기 위해 **어구나 절이 삽입되는 구문**으로, 문장의 기본 구조와는 독립적으로 사용된다. 따라서 **문장에서 삽입어구를 제거해도 문법적으로 완전한 문장**이 된다. 삽입어구를 표시하기 위해 보통 쉼표, 괄호, 또는 대쉬(—)가 사용되지만 그러한 표시가 없는 경우도 있다.

This book, *as you know*, is very popular.
(이 책은, 네가 알다시피, 매우 인기 있다.)
He is, *I believe*, the best candidate.
(그는, 내 생각에는, 최고의 후보이다.)
My sister — *who is a doctor* — lives in New York.
(내 여동생은 — 의사인 — 뉴욕에 산다.)
John, *to be honest*, didn't do his homework.
(John은, 솔직히 말하면, 숙제를 하지 않았다.)
The problem, *it seems*, is more serious than we thought.
(그 문제는, 보아하니, 우리가 생각했던 것보다 더 심각하다.)
He was, *in fact*, the winner of the competition.
(그는, 사실, 그 대회의 우승자였다.)
The movie was, *without a doubt*, one of the best I've seen. (그 영화는, 의심할 여지 없이, 내가 본 것 중 최고였다.)
She is, *so to speak*, the leader of the team.
(그녀는, 소위 말하자면, 팀의 리더다.)
The road, *covered with snow*, was too slippery to walk on.
(눈으로 덮인 그 길은 걷기에는 너무 미끄러웠다.)
The plane, *departing at noon*, will land in Paris at six.
(정오에 출발하는 그 비행기는 오후 6시에 파리에 도착할 것이다.)
The teacher, *who was very kind*, was loved by all her students.
(매우 친절했던 그 선생님은 모든 학생들에게 사랑받았다.)

In 2010, *when i graduated from college*, I started working at a big company. (2010년에, 내가 대학을 졸업했을 때, 나는 큰 회사에서 일을 시작했다.)

(3) 동격구문

앞에 나온 명사나 대명사를 설명하기 위해 추가적인 정보를 제공하는 구문이며, 주로 'that'절이 사용된다. 동격관계를 나타내기 위해 쉼표, 'or' 등이 사용되기도 한다.

The fact *that she won* surprised everyone.
(그녀가 우승했다는 사실이 모두를 놀라게 했다.)
I have a dream *that one day the world will be at peace*.
(나는 꿈을 가지고 있다 / 언젠가 세상이 평화로워질 것이라는)
Dr. Lee, *a famous scientist*, will give a lecture tomorrow.
(유명한 과학자인 이 박사님이 내일 강연을 할 것이다.)
She met Sarah, *her childhood friend*, at the airport.
(그녀는 공항에서 어린 시절 친구인 Sarah를 만났다.)
She suffers from acrophobia, *or fear of great heights*.
(그녀는 고소공포증, 즉 높은 곳에 대한 두려움이 있다.)

※ 동격절 vs. 관계대명사 that절
동격절을 이끄는 that 뒤에는 완전한 절이, 관계대명사 that 뒤에는 불완전한 절이 온다.

We support the idea *that everyone should have equal opportunities*. [동격절]
(우리는 의견을 지지한다 / 모든 사람이 동등한 기회를 가져야 한다는)
The story *that he told us* was very interesting. [관계대명사절]
(그가 우리에게 들려준 이야기는 매우 흥미로웠다.)

(4) Punctuation

① Single Dash (−)
주로 쉼표를 대신하여, **문장을 강조하거나 갑작스러운 변화를 나타낼 때** 또는 **설명을 덧붙일 때** 사용한다.

There's only one thing I need − a good night's sleep.
(내게 필요한 것은 단 하나 − 푹 자는 것이다.)
She was running late − again.
(그녀는 달리고 있었다 − 또다시.)
She won the competition − something she had never imagined.
(그녀는 대회에서 우승했다 − 그녀가 전혀 상상하지 못한 일이었다.)

② Paired Dashes (— —)
문장 속에서 삽입구 (부가적인 정보)를 강조하여, **삽입된 내용이 부수적인 내용임을 부각할 때** 쉼표 대신 사용한다.

My brother — who just graduated from college — got a job in New York.
(대학교를 막 졸업한 내 동생은 뉴욕에서 직장을 구했다.)

③ Colon (:)

앞에 나온 내용에 **설명이나 예시를 덧붙일 때**, **목록을 소개할 때** 또는 **인용문이나 강조할 내용을 제시할 때** 사용하며 Colon 앞에는 반드시 완전한 문장이 와야 한다.

There is one thing I love the most: coffee.
(내가 가장 좋아하는 것이 하나 있다: 커피다.)
You need to bring the following items: a notebook, a pen, and a calculator.
(너는 다음 물건들을 가져와야 한다: 공책, 펜, 계산기.)
His words were unforgettable: "Never give up."
(그의 말을 잊을 수 없었다: "절대 포기하지 마.")

④ Semicolon (;)

두 개의 독립된 **문장이 서로 밀접한 관계일 때 접속사 대신** 또는 목록 내에서 쉼표와 구별하기 위해 semicolon을 사용할 수 있다. 전후문장의 구체적인 관계를 나타내기 위해 semicolon 뒤에 접속부사를 쓰기도 한다.

I wanted to go for a walk; however, it started raining.
(나는 산책을 하고 싶었다; 그러나 비가 내리기 시작했다.)

She traveled to Paris, France; Rome, Italy; and Madrid, Spain.
(그녀는 프랑스 파리, 이탈리아 로마, 스페인 마드리드로 여행을 갔다.)
Some students prefer studying alone; others enjoy group study.
(어떤 학생들은 혼자 공부하는 것을 선호하고, 다른 학생들은 그룹 스터디를 즐긴다.)
In the early 20th century, cars were not common like today; as a result, most people traveled by horse or train.
(20세기 초에는 자동차가 오늘날처럼 흔하지 않았으며, 그 결과 대부분의 사람들이 말이나 기차로 이동했다.)

12. 가정법

가정법은 현재 또는 과거의 사실과 반대되는 상황을 가정하거나 미래에 대한 가능성이 낮은 상황을 표현할 때 사용한다.

(1) 가정법 과거

현재 사실과 반대되는 가정을 표현할 때 사용한다.

[구조] 'If + 주어 + 동사 과거형,
　　　주어 + would/could/might + 동사 원형'

'If절'에서 be동사는 주어가 1인칭이나 3인칭 단수라도 were를 사용하는 것이 원칙이다.

　If I *were* rich, I *would travel* around the world.
　(내가 부자라면, 전 세계를 여행할 텐데.)
　If she *had* more time, she *could learn* French.
　(그녀에게 시간이 더 있다면, 프랑스어를 배울 수 있을 텐데.)
　If it *rained*, we *would stay* at home.
　(비가 온다면, 우리는 집에 있을 텐데.)

(2) 가정법 과거완료

과거에 일어나지 않은 상황을 가정할 때 사용한다.

[구조] 'If + 주어 + had + 과거분사,
　　　주어 + would/could/might + have + p.p.'

If I *had studied* harder, I *would have passed* the exam.
(내가 더 열심히 공부했더라면, 시험에 합격했을 텐데.)
If she *had left* earlier, she *could have caught* the bus.
(그녀가 더 일찍 출발했더라면, 버스를 잡았을 수도 있었을 텐데.)
If they *had known* about the problem, they *might have fixed* it. (그들이 그 문제를 알았더라면, 고쳤을지도 모른다.)

(3) 혼합 가정법

과거의 상황이 현재에 영향을 미치는 경우, 가정법 과거완료와 가정법 과거를 혼합하여 사용한다.

[구조] 'If + 주어 + had + 과거완료,
　　　　주어 + would/could/might + 동사 원형'

'If절'은 과거의 상황을 가정 (가정법 과거완료), '주절'은 현재의 결과를 가정 (가정법 과거)하는 방식이다.

If I *had studied* harder, I *would be* a doctor now.
(내가 더 열심히 공부했더라면, 지금 의사가 되었을 텐데.)
If she *had taken* my advice, she *would not be* in trouble now.
(그녀가 내 충고를 들었더라면, 지금 곤경에 처하지 않았을 텐데.)

(4) 가정법 미래

미래에 가능성이 낮은 상황을 가정할 때 사용한다. 일반적으로, 미래에 일어날 가능성이 있거나 조심스럽게 제안하는 경우에는 조건절에 'should', 주절에 'will/can/may'를, 현실성이 거의 없는 가정을 할 때에는 조건절에 'were to', 주절에 'would/could/might'를 사용한다.

① 미래에 일어날 가능성이 있거나, 조심스럽게 제안하는 경우

[구조] 'If + 주어 + should + 동사 원형,
　　　　주어 + will/can/may + 동사 원형'

If you *should need* any help, please let me know.
(혹시라도 도움이 필요하면, 내게 알려줘.)
If it *should rain* tomorrow, the event *will be* postponed.
(혹시 내일 비가 오면, 행사는 연기될 것이다.)

② 미래에 거의 일어나지 않을 상황을 가정할 경우

[구조] 'If + 주어 + were to + 동사 원형,
　　　　주어 + would/could/might + 동사 원형'

If the sun *were to disappear*, life or Earth *would end*.
(만약 태양이 사라진다면, 지구에서 생명이 끝날 것이다.)
If he *were to ask* for advice, I *would* gladly *help* him.
(만약 그가 조언을 구한다면, 나는 기꺼이 도와줄 것이다.)

* 가정법에서 If를 생략하고 주어와 동사의 어순을 도치할 수 있다.

If I were you, I would apologize.
→ *Were I you*, I would apologize.
(내가 너라면, 사과할 텐데.)
If he had studied, he would have passed.
→ *Had he studied*, he would have passed.
(그가 공부했더라면, 합격했을 텐데.)

(5) 특별한 형식의 가정법

① I wish / If only (~라면 좋을 텐데)
현재 사실과 반대되는 소망은 가정법 과거를, 과거 사실과 반대되는 후회는 가정법 과거완료를 사용한다.

I wish I were taller. (내가 더 키가 크다면 좋을 텐데.)
If only I had more time! (시간이 더 많으면 좋을 텐데.)
I wish I had studied harder.
(내가 더 열심히 공부했더라면 좋았을 텐데.)
If only she *had told* me the truth.
(그녀가 내게 사실을 말했더라면 좋았을 텐데.)

② Would rather (~하는 것이 더 낫겠다)
현재 또는 미래에 대한 바람은 가정법 과거를, 과거에 대한 바람(후회)은 가정법 과거완료를 사용한다.

I *would rather* you *stayed* here.
(나는 네가 여기 머무르면 좋겠어.)
She *would rather* you *didn't call* her.
(그녀는 네가 전화를 안 하는 것이 더 낫겠대.)
I *would rather* you *had told* me the truth.
(나는 네가 내게 진실을 말했더라면 더 좋았을 텐데.)

③ It's (high/about) time (~할 때가 되었다)
지금 당장 해야 하는 일(현재 의미)을 강조하므로 가정법 과거를 사용한다.

It's high time we *left*. (우리 이제 떠나야 할 때야.)
It's about time you *apologized*. (이제 네가 사과할 때가 됐어.)

④ But for / Without (~이 없다면, ~이 없었더라면)
"If it were not for"(가정법 과거)나 "If it had not been for"
(가정법 과거완료)로 바꿀 수 있다.

But for your help, I *would have failed*.
= If it had not been for your help, ~
(네 도움이 없었더라면, 나는 실패했을 거야.)
Without the sun, we *wouldn't be* able to survive.
= If it were not for the sun, ~
(태양이 없다면, 우리는 생존할 수 없을 것이다.)

⑤ **As if / As though** (~인 것처럼)
현재 사실과 반대되는 상황은 가정법 과거를, 과거 사실과 반대되는 상황은 가정법 과거완료를 사용한다.

He talks *as if he knew* everything.
(그는 마치 모든 것을 아는 것처럼 말한다.)
She looked at me *as if I had done* something wrong.
(그녀는 마치 내가 뭔가 잘못한 것처럼 나를 쳐다보았다.)

⑥ **Supposing / Suppose** (~라면)
가정법의 if 대신 Supposing이나 Suppose를 사용할 수 있다.

Supposing you *won* the lottery, what *would* you do?
(네가 복권에 당첨된다면, 무엇을 할 거야?)
Suppose he *had called* you, what *would* you *have said*?
(그가 너에게 전화했다면, 너는 뭐라고 말했을까?)

⑦ **In case** (~에 대비하여 / ~할 경우를 대비해서)
가정법처럼 보이지만 실제로는 직설법 (현재형, 미래형)을 사용한다.

Take an umbrella *in case* it *rains*.
(비가 올 경우를 대비해서 우산을 가져가라.)
I'll call you *in case* there *is* an emergency.
(긴급한 일이 생길 경우를 대비해 너에게 전화할게.)

Chapter 2. Sentence와 Sentence 연결

독립적인 문장과 독립적인 문장은 등위접속사 또는 접속부사를 활용하여 연결할 수 있다.

1. 등위접속사

등위접속사는 두 개의 독립절 (완전한 문장)을 연결할 때 사용된다. 대표적인 등위접속사는 FANBOYS (For, And, Nor, But, Or, Yet, So)이다. 등위접속사로 연결되는 어구는 원칙으로 동일한 품사이거나 문법적으로 성격이 같은 것이어야 한다. 등위접속사 앞에는 쉼표 (,)를 사용하는 것이 일반적이다.

I wanted to go out because the weather was nice, *but* I stayed home since I had too much homework.
(나는 밖에 나가고 싶었다 / 날씨가 좋아서 / 하지만, 집에 있었다 / 숙제가 너무 많아서)
She studied hard because she wanted to pass the test, *and* she finally succeeded as she had expected.
(그녀는 열심히 공부했다 / 시험에 합격하고 싶어서 / 그리고, 결국 성공했다 / 예상했던 대로)

※ 앞 문장의 내용을 가리키는 대명사를 사용하여 자연스럽게 문장을 연결할 수도 있다.

James bought a new car. *It* is very expensive.
(James는 새 차를 샀다. 그것은 매우 비싸다.)
She told me a secret. *That* surprised me.
(그녀는 나에게 비밀을 말했다. 그것은 나를 놀라게 했다.)

2. 접속부사

접속부사는 두 개의 독립적인 문장을 연결하면서 논리적인 관계를 명확하게 해주는 부사이다. 접속부사는 주로 문장의 앞, 중간, 끝에서 사용되며, 주로 세미콜론 (;)이나 쉼표 (,)와 함께 사용된다.

[역접] however, nonetheless, nevertheless, 《문장 끝》 though

She was tired; *however*, she continued working.
(그녀는 피곤했지만 계속 일했다.)
The weather was cold; *nonetheless*, they went hiking.
(날씨가 추웠지만, 그들은 하이킹 갔다.)
He didn't study much; *nevertheless*, he passed the exam. (그는 공부를 많이 하지 않았지만, 시험에 합격했다.)
The movie was a bit slow; it was interesting, *though*.
(그 영화는 좀 느렸지만, 그래도 흥미로웠다.)

[대조] in contrast, on the other hand, on the contrary, otherwise, instead

The first proposal was expensive; *in contrast*, the second one was affordable.
(첫 번째 제안은 비쌌다. 대조적으로 두 번째 제안은 저렴했다.)
She prefers tea; *on the other hand*, he likes coffee.
(그녀는 차를 좋아한다. 반면, 그는 커피를 좋아한다.)
I thought he would be rude; *on the contrary*, he was very polite.
(나는 그가 무례할 것이라 생각했다. 오히려 그는 매우 정중했다.)
You should wear a jacket; *otherwise*, you'll catch a cold.
(너는 재킷을 입어야 해. 그렇지 않으면 감기에 걸릴 거야.)
He didn't apologize; *instead*, he blamed me for the mistake. (그는 사과하지 않았다. 대신 내 탓을 했다.)

[예시] for example, for instance

There are many ways to stay healthy; *for example*, regular exercise and a balanced diet. (건강을 유지하는 방법은 많다. 예를 들면, 규칙적인 운동과 균형 잡힌 식단이다.)
Some animals can survive in extreme conditions; *for instance*, camels in the desert. (어떤 동물들은 극한 환경에서도 살아남을 수 있다. 예를 들어, 사막의 낙타가 그렇다.)

[결과] therefore, consequently, as a result, thus

He missed the deadline; *therefore*, his application was rejected.
(그는 마감일을 놓쳤다. 따라서 그의 지원서는 거절되었다.)
It rained heavily last night; *consequently*, the roads were flooded.
(어젯밤에 비가 많이 내렸다. 그 결과, 도로가 침수되었다.)
She worked hard; *as a result*, she got a promotion.
(그녀는 열심히 일했다. 그 결과, 승진했다.)
The demand increased significantly; *thus*, the price went up. (수요가 크게 증가했다. 따라서 가격이 올랐다.)

[환언] that is, in other words

He is a polyglot; *that is*, he speaks multiple languages fluently.
(그는 다국어 구사자다. 즉, 여러 언어를 유창하게 말한다.)
She refused to go; *in other words*, she didn't want to attend the event. (그녀는 가기를 거부했다. 다시 말해, 그 행사에 참석하고 싶지 않았다.)

[요약] in summary, in conclusion, to summarize, to conclude

In summary, the project was a success despite some challenges.
(요약하자면, 몇 가지 어려움이 있었지만, 프로젝트는 성공적이었다.)
In conclusion, regular exercise is essential for good health. (결론적으로, 규칙적인 운동은 건강에 필수적이다.)
To summarize, the company's profits have grown steadily over the years.
(요약하면, 그 회사의 수익은 수년간 꾸준히 증가해 왔다.)
To conclude, education plays a vital role in society.
(결론적으로, 교육은 사회에서 중요한 역할을 한다.)

[비교] similarly, likewise, in the same way

She enjoys classical music; *similarly*, her brother loves opera. (그녀는 클래식 음악을 즐긴다. 마찬가지로, 그녀의 오빠는 오페라를 좋아한다.)
He is hardworking; *likewise*, his sister is very diligent.
(그는 성실하다. 마찬가지로, 그의 여동생도 매우 부지런하다.)
Younghee is an excellent listener, offering support and understanding; *in the same way*, she inspires trust in everyone she meets.
(Younghee는 훌륭한 경청자로, 지원과 이해를 제공한다. 마찬가지로 그녀는 만나는 사람들에게 신뢰를 불러일으킨다.)

[첨가] in addition, moreover, furthermore, besides

She is intelligent; *in addition*, she is very creative.
(그녀는 똑똑하다. 게다가, 매우 창의적이다.)
He has a good reputation; *moreover*, he is respected by his colleagues.
(그는 평판이 좋다. 더욱이, 동료들에게 존경받는다.)
The new policy will benefit employees; *furthermore*, it will improve productivity. (새로운 정책은 직원들에게 이득이 될 것이다. 게다가, 생산성을 향상시킬 것이다.)
I don't want to go out; *besides*, it's too cold outside.
(나는 나가고 싶지 않다. 게다가, 밖이 너무 춥다.)

[강조] indeed, in fact, undoubtedly, of course

He is very talented; *indeed*, he is one of the best musicians in the country. (그는 매우 재능이 있다. 사실, 그는 그 나라에서 최고의 음악가 중 한 명이다.)
Eunbi looks young; *in fact*, she is already in her fifties.
(Eunbi는 어려 보인다. 사실, 그녀는 이미 50대이다.)
Undoubtedly, technology has changed our lives significantly.
(의심할 여지 없이, 기술은 우리의 삶을 크게 변화시켰다.)
Of course, you are always welcome to join us.
(물론, 너는 언제든지 우리와 함께할 수 있다.)

[이유] for this reason, because of this

He was sick; for this reason, he couldn't attend the meeting.
(그는 아팠다. 이런 이유로, 회의에 참석하지 못했다.)
She forgot her umbrella; because of this, she got wet in the rain.
(그녀는 우산을 잊었다. 그래서 비에 젖었다.)

〈부록〉 Speaking에 관하여

영어로 말할 때 중요한 것은 문장의 의미를 풍부하게 하고, 문장들을 자연스럽게 연결하는 것이다.

영어 문장을 구성할 때는 **주어와 동사의 관계를 중심으로 문장의 뼈대를 세우고, 여기에 수식어를 덧붙이는 방식으로** 만들어야 한다. 특히, 말을 하다가 어떤 명사를 언급했을 때 그 명사에 대해 추가 설명을 덧붙이고 싶다면 '관계사'를 활용할 수 있다. 다시 말해, **명사를 매개로 말을 확장해 나가되, 문장과 문장은 '등위접속사'나 '접속부사'를 이용해 논리적으로 연결**하면 된다. 물론 문법에 충실히 말하면 구어체보다는 문어체에 가까워질 수 있지만, 이는 실제 의사소통에 큰 문제가 되지는 않는다.

이하에서는 먼저 문어체와 구어체를 비교하여 앞에서 다룬 내용을 종합적으로 정리해 본 후, 비영어권 외국인이 영어로 말할 때 문어체를 사용하더라도 왜 큰 문제가 되지 않는지 살펴보고, 아울러 영어 말하기 학습에서 국제어로서의 영어를 바라보는 시각이 왜 중요한지 설명하고자 한다.

1. 구어체 vs. 문어체

문어체는 복잡하고 체계적인 구조를, 구어체는 간결하고 즉흥적인 구조를 선호한다. 구어체에서는 문법적 완전성이 중요하지 않으며, 비문법적 표현, 단견적인 문장 사용이 흔하다. 이에 비해, 문어체에서는 문법적으로 완전한 문장을 유지해야 하며, 정확한 문법과 논리적인 문장 연결이 필수적이다. 구어체는 직관적이고 이해하기 쉬운 문장을 통한 자연스럽고 즉각적인 의사소통을, 문어체는 정교하고 세련된 문장을 통한 명확하고 정교한 의미 전달을 목표로 한다.

문장구조 측면에서 구어체와 문어체의 주요 차이는 다음과 같다.

(1) 문장의 길이와 복잡성
구어체는 짧고 간결한 단문을 사용하며, 긴 문장은 쪼개어 전달하고, 복잡한 수식어구나 종속절을 생략한다. 이게 비해, 문어체는 길고 복잡한 문장을 사용하며, 종속절, 분사구문, 병렬 구조, 접속부사를 활용해 논리적이고 체계적으로 정보를 전달한다. 이를 통해 구어체는 즉각적 이해를, 문어체는 정확하고 깊이 있는 전달을 목표로 한다.

① 구어체 : **짧고 간결한 문장 사용**
구어체에서는 문장이 짧고 간결하다. 일상 대화에서는 상대방이 빠르게 이해할 수 있도록 '**단문**'을 주로 사용한다. 또한, 구어체에서는 문장이 길어지면 문장을 쪼개어 사용하는 경향이 있다. 긴 문장을 사용하면 듣는 사람이 이해하기 어려울 수 있기 때문에 짧은 문장으로 나누어 전달한다.

I went to the store. Bought some milk. Then I came back home.
(나는 가게에 갔다. 우유를 샀다. 그리고 집으로 돌아왔다.)

구어체에서는 문장을 단순화하는 경향이 있다.

"Wanna go?" (Do you want to go?) [조동사와 주어 생략]
"Need help?" (Do you need help?)

문장구조도 간단하며, 복잡한 수식어구나 종속절을 잘 사용하지 않는다. 필요할 경우 and, but, so 같은 **간단한 접속사로 문장을 이어갈 뿐**, **복문이나 중문을 복잡하게 구성하지 않는다**.

② 문어체 : 길고 복잡한 문장 사용

반면, 문어체에서는 문장이 길고 복잡하게 구성된다. 문어체는 정보를 정확하고 체계적으로 전달해야 하기 때문에, '**복문**'과 '**중문**'을 **적극적으로 사용**한다.

Despite being exhausted, she continued working on the project *until it was completed*. (피곤함에도 불구하고, 그녀는 프로젝트 작업을 계속했다 / 완료될 때까지)

The company, *which was founded in 1990*, has grown rapidly over the past decades, *becoming a global leader in technology*. (1990년에 설립된 그 회사는 / 지난 수십 년 동안 급성장하여, / 기술 분야의 글로벌 선두 기업이 되었다.)

문어체에서는 **'관계대명사'** (who, which, that 등)를 **활용하여 문장을 길게 늘인다**. 이는 문장 내에서 추가적인 정보를 제공하거나 주어를 수식할 때 사용된다.

The book, *which was published last year*, has received excellent reviews from critics.
(작년에 출판된 그 책은 / 평론가들로부터 훌륭한 평가를 받았다.)
Students *who study regularly* tend to achieve better results.
(정기적으로 공부하는 학생들은 / 더 좋은 성적을 얻는 경향이 있다.)

또한, 문어체에서는 **'분사구문'을 사용**해 두 문장을 하나로 합쳐 복잡한 구조를 만든다.

Having finished her homework, she decided to go for a walk. (숙제를 마친 후 그녀는 산책하기로 했다.)
Built in the 18th century, the building is a historic landmark. (18세기에 지어진 그 건물은 역사적인 명소이다.)

문어체에서는 복잡한 내용을 나열할 때 '병렬 구조'를 사용해 문장의 균형을 맞춘다. 이는 긴 문장에서도 가독성을 유지하도록 돕는다.

The project requires *planning, organizing, and executing tasks efficiently*. (그 프로젝트는 요구한다 / 계획 수립, 조직화, 그리고 업무의 효율적인 실행을)

He enjoys *reading books, watching movies, and playing sports*. (그는 즐긴다 / 독서, 영화감상, 그리고 스포츠를)

문어체에서는 **'접속부사'**(however, moreover, therefore 등)를 **사용해 문장 간 논리적 연결을 강화**한다. 이는 문장을 길게 만들 뿐만 아니라, 논리적 흐름을 유지하는 데 도움을 준다.

The data were inconclusive; *however*, further analysis revealed significant trends. (데이터는 결론을 내리기 어려웠다. 그러나 추가 분석을 통해 중요한 경향이 드러났다.)

The policy aims to reduce emissions. *Moreover*, it encourages the use of renewable energy sources.
(그 정책은 배출량을 줄이는 것을 목표로 한다. 게다가, 그 정책은 재생 에너지의 사용을 장려한다.)

(2) 접속사 사용

구어체는 간단한 접속사를 사용하고 접속사를 반복하거나 비형식적인 연결어를 선호한다. 이에 비해, 문어체는 종속접속사와 다양한 접속부사를 사용하여 복잡한 논리 구조를 만든다. 이를 통해 구어체는 빠르고 자연스러운 대화를, 문어체는 논리적이고 정교한 글쓰기를 지향한다.

① 구어체 : 간단한 접속사와 비형식적인 연결

구어체에서는 주로 간단하고 일상적인 접속사를 사용한다. and, but, or, so 같은 짧고 직관적인 접속사가 자주 쓰인다. 이는 대화가 빠르게 진행되기 때문에 간단한 접속사로 자연스럽게 문장을 이어가려는 특징 때문이다. 또한, 구어체에서는 접속사를 반복해서 사용하는 경우가 많다. 이는 말을 하면서 생각을 정리하거나, 강조하고 싶은 내용을 덧붙일 때 자주 나타난다.

> *So*, I went there, *and then* I saw her, *and* we talked for a while.
> (그래서, 나는 거기에 갔고, 그녀를 봤고, 우리는 잠시 이야기를 나눴다.)

구어체에서는 because, since, if 같은 이유나 조건을 나타내는 접속사도 자주 쓰이지만, 문장이 길어지면 중간에 끊거나 다시 시작하는 경우가 많다.

I didn't go out *because* I was tired. *Actually*, I just didn't feel like it.
(나는 밖에 나가지 않았다 / 피곤해서. 사실, 그냥 가기 싫었다.)

또한, 접속부사 대신 so, then, anyway 같은 **구어체 특유의 연결어를 선호한다**. 이는 격식을 차리지 않고 대화를 부드럽게 이어가기 위해서다.

I missed the bus. *Anyway* I was late.
(나는 버스를 놓쳤다. 어차피 이미 늦었다.)
He called me, *then* we met at the cafe.
(그가 나에게 전화했고, 우리는 카페에서 만났다.)

② 문어체 : 다양한 접속사와 정교한 연결
반면에 문어체에서는 **다양한 '접속부사'를 사용해 문장을 논리적으로 연결한다**. moreover, therefore, however, nevertheless 같은 격식 있고 복잡한 접속부사가 자주 등장한다. 이는 글의 논리성과 일관성을 높이고자 하는 목적 때문이다. 또한 furthermore, in addition, consequently 같은 접속부사를 사용해 문단 간의 연결을 매끄럽게 한다.

The proposal was well-prepared; *however*, it was not accepted. (그 제안서는 잘 준비되었다. 하지만, 승인되지 않았다.)
She was exhausted; *nevertheless*, she completed the report. (그녀는 지쳐 있었다. 그렇지만, 보고서를 완성했다.)

The experiment failed; *therefore*, further research is required. (실험이 실패했다. 따라서 추가 연구가 필요하다.)
The data were accurate. *Furthermore*, they were presented clearly.
(데이터는 정확했다. 게다가, 명확하게 제시되었다.)
The project was delayed. *Consequently*, costs increased.
(프로젝트가 지연되었다. 결과적으로 비용이 증가했다.)

문어체에서는 '종속접속사'를 사용해 '복문'을 구성하는 경우가 많다. although, even though, while, whereas 같은 접속사를 활용해 원인과 결과, 대조 등 '주절-종속절' 간 관계를 명확히 한다.

Although he was qualified, he didn't get the job.
(그는 자격이 있었지만, 그 일자리를 얻지 못했다.)
While some people prefer cities, others enjoy rural areas.
(어떤 사람들은 도시를 선호하는 반면, 다른 사람들은 시골을 좋아한다.)
Whereas the first plan was risky, the second was safer.
(첫 번째 계획은 위험했지만, 두 번째 계획은 더 안전했다.)

또한, 문어체에서는 병렬 구조를 이루기 위해 '상관접속사'를 자주 사용한다. not only ~ but also, either ~ or, neither ~ nor 같은 구문을 통해 문장의 균형을 맞춘다.

She is *not only* talented *but also* hardworking.
(그녀는 재능이 있을 뿐만 아니라 성실하기도 하다.)
You can *either* call me *or* send an email.
(나에게 전화하거나 이메일을 보내도 된다.)
He is *neither* a supporter *nor* an opponent of the policy.
(그는 그 정책의 지지자도 반대자도 아니다.)

(3) 수동태와 능동태

구어체에서는 능동태를 기본으로 사용하며, 수동태는 꼭 필요할 때만 사용한다. 이에 비해 문어체에서는 수동태가 자주 사용되며, 주로 객관적이고 공식적인 문장을 만들기 위해 활용된다. 문어체에서는 능동태보다 수동태가 더 적절한 경우가 많으며, 이는 문장의 객관성을 높이는데 기여한다. 그러나 불필요하게 남용할 경우 문장이 길고 복잡해질 수 있다는 점도 고려해야 한다.

① 구어체 : 능동태 중심, 수동태 사용 최소화

구어체에서는 능동태가 주로 사용된다. 이는 대화가 빠르게 진행되기 때문에 직접적이고 명확한 표현이 선호되기 때문이다. 능동태 문장은 '주어'(행위자)가 동작을 수행하는 구조로 이루어져 있어 간결하고 이해하기 쉽다. **구어체에서는 수동태가 잘 사용되지 않으며, 주어가 불분명한 경우 등 꼭 필요할 때만 등장한다.**

This house *was built* in 1990. (이 집은 1990년에 지어졌다.)

② 문어체 : 수동태 활용 증가, 공식적이고 객관적인 도현
반면, 문어체에서는 수동태가 자주 사용된다. 이는 문장을 공식적이고 객관적인 스타일로 표현하기 위해서다. 특히, 행위자를 강조할 필요가 없거나 행위자가 불분명한 경우에는 수동태가 효과적이다.

The experiment *was conducted* by researchers.
(실험은 연구원들에 의해 수행되었다.)
The new policy *was implemented* last year.
(새로운 정책이 작년에 시행되었다.)
Several mistakes *were found* in the report.
(보고서에서 몇 가지 실수가 발견되었다.)

또한, 문어체에서는 과학적 보고서, 연구 논문, 공식 문서 등에서 수동태가 선호된다. 이는 주체보다 행위나 과정에 초점을 맞추기 위해서다.

A new vaccine *was developed* to combat the virus.
(새로운 백신이 바이러스 퇴치를 위해 개발되었다.)
The data *were analyzed* using statistical methods.
(데이터는 통계적 방법을 사용하여 분석되었다.)
A significant improvement *was observed* in test results.
(시험 결과에서 상당한 개선이 관찰되었다.)

(4) 삽입구와 수식어

구어체에서는 삽입구를 짧고 간결하게 사용하며, 단순한 수식어를 선호한다. 이에 비해, 문어체에서는 의미를 풍부히 하기 위해 삽입구를 활용하여 문장에 추가 정보를 넣으며, 복잡한 수식어(전치사구, 관계절, 분사구문 등)를 적극적으로 사용한다. 이를 통해 구어체는 직관적이고 이해하기 쉬운 문장을, 문어체는 정교하고 세련된 문장을 지향한다.

① 구어체 : 삽입구 최소 사용, 단순한 수식어 사용

구어체에서는 삽입구와 수식어가 최소한으로 사용된다. 대화에서는 문장이 간결해야 하므로, 삽입구보다는 직접적이고 명확한 표현이 선호된다.

- 삽입구 사용이 제한적

구어체에서는 **삽입구를 사용하더라도 간단한 표현으로 짧게 말하는 경우가 많다**. 삽입구는 주로 대화의 흐름을 자연스럽게 만들거나 감정을 표현하기 위해 사용된다. 문장이 너무 길어지면 듣는 사람이 이해하기 어려우므로, 긴 삽입구는 거의 사용되지 않는다.

You know, she's really smart. (있잖아, 그녀는 정말 똑똑해.)
This place, *by the way*, is amazing.
(여기, 그런데 말이야, 정말 끝내줘.)

- 수식어 사용이 단순하고 후치 수식보다 전치 수식 선호

구어체에서는 **형용사와 부사를 이용한 단순한 수식이 주로 사용된다**. 길고 복잡한 수식어보다는 기본적인 형용사와 부사를 활용하여 짧고 직관적으로 표현하는 것이 일반적이다. 구어체에서는 명사를 꾸밀 때 주로 앞에서 수식하는 경향이 있다.

An *interesting* book is on the table.
(재미있는 책이 테이블 위에 있어.)

문어체에서 흔히 사용되는 후치 수식어구 (전치사구, 관계절 등)는 구어체에서는 잘 사용되지 않는다.

The book *that I bought yesterday* is interesting.
(어제 산 책이 재미있다.)
→ 구어체에서는 "I bought this book yesterday. It's interesting." 처럼 나눠서 표현하는 것이 일반적

② 문어체 : 삽입구와 다양한 수식어 적극 활용

문어체에서는 삽입구와 복잡한 수식어가 적극적으로 사용된다. 이는 문장이 보다 정확하고 세련되게 전달되도록 하기 위함이다.

- 삽입구를 활용한 정보 추가

문어체에서는 **삽입구를 통해 문장 내에서 추가적인 정보를 제공한다**. 문어체에서는 삽입구를 이용해 추가적인 설명을 부드럽게 삽입하며, 이는 문장의 깊이를 더하는 역할을 한다.

The experiment, *which was conducted over three months*, yielded significant results.
(그 실험은 3개월 동안 진행되었으며 / 중요한 결과를 도출했다.)
Einstein, *widely regarded as a genius*, revolutionized modern physics.
(천재로 널리 여겨지는 아인슈타인은 / 현대 물리학을 혁신했다.)
The company's profits, *despite the economic downturn*, increased by 20%.
(회사의 이익은 경제 침체에도 불구하고 / 20% 증가했다.)

- 다양한 수식어 사용

문어체에서는 단순한 형용사나 부사뿐만 아니라 **전치사구, 관계절, 분사구문, 동격절 등을 사용하여 문장을 풍부하게 만든다.**

The man *in the blue suit* is the CEO. [전치사구]
(파란 정장을 입은 남자는 CEO다.)
The book *that she wrote last year* became a bestseller.
(그녀가 작년에 쓴 책은 / 베스트셀러가 되었다.) [관계절]
Built in the 18th century, the castle is a major tourist attraction. [분사구문]
(18세기에 지어진 이 성은 주요 관광 명소다.)
The fact *that she speaks five languages* is impressive.
(그녀가 5개 국어를 한다는 사실은 / 인상적이다.) [동격절]

2. 문어체 & Speaking

많은 영어 학습자들은 자연스럽게 말하기 위해 구어체 표현을 익히는데 집중한다. 그러나 비원어민이 영어로 말할 때 문어체를 사용하더라도 의사소통에는 큰 문제가 없으며, 오히려 더 고급스럽고 세련된 인상을 줄 수 있다.

문어체는 정확하고 명확한 의사 전달을 돕는다

문어체는 문법적으로 완전한 문장을 사용하고 논리적인 문장 구조를 갖추기 때문에, 의사소통이 보다 명확하게 이루어진다. 예를 들어, 구어체에서는 "Gotta go now"처럼 축약형과 생략이 많지만, 문어체에서는 "I have to go now"처럼 보다 정확하고 명확하게 표현할 수 있다. 이러한 문어체 표현은 특히 공식적인 자리나 학술적 대화에서 신뢰감을 주는 역할을 한다.

문어체 표현은 지적이고 세련된 인상을 준다

문어체는 구어체보다 어휘와 문장 구조가 더 정교하기 때문에, 비원어민이 문어체를 사용하면 원어민들에게 지적이고 세련된 느낌을 줄 수 있다. 예를 들어, 구어체에서 "I think it's a good idea." (나는 그것이 좋은 생각이라고 생각한다.)이라고 말할 수 있지만, 문어체에서는 "I believe this is a reasonable and well-devised proposal." (나는 이것이 합리적이고 잘 구상된 제안이라고 믿는다.) 이라고 표현할 수 있다. 이러한 문장은 더욱 전문적이고 격식을 갖춘 인상을 줄 수 있다.

공적인 자리에서 더 적합한 언어 사용 가능

구어체는 일상적인 대화에서 자주 사용되지만, 공식적인 발표, 비즈니스 회의, 학술적인 토론에서는 문어체가 더 적절하다. 예를 들어, 면접이나 프레젠테이션에서 "He's been doing stuff for a while." (그는 한동안 이것저것 하고 있었다.)보다는 "He has been engaged in various professional activities for quite some time." (그는 꽤 오랫동안 다양한 전문 활동에 종사해 왔다.)이라는 문장이 더 전문적으로 들린다. 이러한 문어체 표현은 상대방에게 신뢰를 주며, 공적인 상황에서 더 긍정적인 평가를 받을 수 있다.

문어체를 사용해도 이해에 문제가 없다

원어민들은 다양한 영어 사용 방식을 이해할 수 있기 때문에, 비원어민이 문어체로 말한다고 해서 의사소통이 어렵지는 않다. 오히려 비원어민이 명확하고 문법적으로 정확한 문장을 구사하면, 듣는 사람은 더 쉽게 이해할 수 있다. 구어체에서는 문맥을 통해 의미를 추측해야 하는 경우가 많지만, 문어체에서는 문법적으로 완전한 문장을 사용하기 때문에 오해의 가능성이 줄어든다.

3. 국제어로서의 영어

우리나라 사람들이 영어를 공부하는 데 있어 흔히 '원어민 수준'을 궁극적인 목표로 삼는 경우가 많다. 이는 자연스러운 발음, 유창한 표현, 문화적 뉘앙스를 완벽하게 이해하고 구사하는 것을 의미한다. 그러나 현실적이고 실용적인 관점에서 볼 때, **원어민 같은 발음이나 표현보다는 국제어로서 영어를 활용해 자신의 생각을 논리적이고 명확하게 전달하는 능력을 키우는 것이 더 중요하다.** 이는 단순히 타협안이 아니라 현대 글로벌 사회에서 언어의 본질적 기능에 충실한 접근법이다.

오늘날 영어는 더 이상 특정 국가나 문화의 언어가 아닌 국제적 의사소통의 도구로 발전했다. 전 세계적으로 비원어민 영어 사용자가 원어민보다 훨씬 많은 상황에서, **중요한 것은 '누구처럼 말하는가?'가 아니라 '무엇을 어떻게 전달하는가?'**이다. 실제로 국제 비즈니스, 학술 연구, 외교 활동 등에서 영어는 다양한 문화적 배경을 가진 사람들 사이의 공통 언어로 기능하고 있다. 이러한 환경에서는 미국식이나 영국식 발음의 완벽한 구사보다 **명확하고 효과적인 의사소통 능력이 훨씬 가치 있다.**

원어민 수준의 영어 구사를 목표로 삼는 것은 여러 현실적 한계가 있다. 첫째, 성인이 된 후에는 완벽한 원어민 발음을 습득하기가 매우 어렵다. 둘째, 원어민 수준의 언어 구사는 해당 문화권에서의 장기간 생활 경험이 필요한 경우가 많다. 셋째, 원어민들 사이에서도 지역적, 사회적 변이가 존재하기 때문에 '표준 원어민 영어'라는 개념 자체가 모호하다. 이러한 상황에서 원어민 수준을 목표로 하는 것은 많은 영어 학습자들에게 불필요한 심리적 부담과 좌절감을 줄 수 있다.

논리적이고 명확한 의사소통을 목표로 삼을 때 얻을 수 있는 이점은 다음과 같다.

첫째, 학습 부담이 크게 감소한다. 원어민 수준의 억양과 문화적 뉘앙스를 습득하는 것은 엄청난 시간과 노력이 필요하다. 많은 학습자들이 이 과정에서 좌절하고 영어 학습 자체를 포기하게 된다. 대신 효과적인 의사소통에 집중하면 학습의 효율성이 높아지고, 더 빠른 시간 내에 실질적인 언어 능력을 갖출 수 있다.

둘째, 학습자의 자신감이 크게 향상된다. 완벽한 발음이나 표현을 목표로 할 때 생기는 좌절감을 줄이고, 자신의 생각을 성공적으로 전달할 때마다 얻는 성취감으로 자신감이 커진다. 이는 더 적극적인 의사소통으로 이어져 언어 능력의 선순환을 만들어낸다.

셋째, 실제 상황에서의 유용성이 극대화된다. 비즈니스 협상, 학술 발표, 국제 여행, 다국적 팀 협업 등 대부분의 상황에서 필요한 것은 자신의 아이디어와 의견을 명확하게 전달하고 상대방의 의견을 정확히 이해하는 능력이다. 이러한 상황에서 **원어민 수준의 발음이나 관용적 표현보다 논리적인 의사 전달 능력이 훨씬 중요하다.**

효과적인 의사소통 능력을 키우기 위해서는

명확한 문장 구조와 논리적 전개가 필수적이다. 특히 '주어-동사-목적어'의 기본 구조를 명확히 하고, 논리적 연결사를 효과적으로 사용하는 연습이 필요하다. 아울러, 핵심 어휘 습득이 중요하다. 모든 단어를 알기보다는 자신의 전문 분야나 관심사에 관련된 핵심 어휘를 깊이 있게 습득하는 것이 효율적이다. 또한, 다양한 억양과 발화 속도에 익숙해지는 것이 필요하다. 특히 비원어민의 영어에도 익숙해지는 것이 국제적 의사소통에서는 매우 중요하다.

영어 교육 현장에서도 관점의 변화가 필요하다.

현재 많은 영어 교육 기관과 교재들이 여전히 원어민 수준의 발음과 표현을 강조하고 있다. 그러나 이러한 접근법은 많은 영어 학습자들에게 불필요한 심리적 부담을 주고, 실질적인 의사소통 능력 향상에 효과적이지 않을 수 있다. 대신, 학습자가 실제 상황에서 의미 있는 의사소통을 경험하면서 자연스럽게 언어 능력을 키울 수 있도록 도와주는 접근이 더 효과적일 수 있다. 평가 방식도 원어민 수준의 정확성보다는 의사소통의 효과성에 초점을 맞추는 방향으로 변화해야 한다. 이는 학습자들이 실제 상황에서 필요한 언어 능력을 키우는 데 더 유용한 피드백을 제공할 수 있다.

영어 학습의 궁극적 목표는 '원어민처럼 말하기'가 아닌 '효과적으로 소통하기'여야 한다.

국제어로서 영어의 진정한 가치는 정확한 억양이나 관용적 표현의 완벽한 구사가 아니라, 다양한 배경을 가진 사람들과 생각과 아이디어를 교환할 수 있는 능력에 있다. 영어를 통해 자신의 생각을 논리적으로 전달하고 상대방과 원활하게 소통할 수 있다면, 그것이야말로 성공적인 영어 학습이라 할 수 있다.

그렇다면 비원어민이 영어로 의사소통할 때 가장 중요한 것은 무엇인가?

많은 이들이 완벽한 발음이나 문법적 정확성을 추구하지만, 실제로 **더 중요한 것은 말하고자 하는 내용의 깊이와 다양성이다.** 즉, 내용의 질과 깊이가 언어의 형식적 요소보다 더 중요한 것이다.

영어 학습자들은 종종 '원어민처럼 말하기'에 지나친 초점을 맞추며 발음과 문법의 완벽함을 추구한다. 이러한 접근은 다음과 같은 현실적 한계를 갖는다.

첫째, 발음과 문법이 완벽하더라도 전달할 내용이 빈약하면 의미 있는 대화가 이루어질 수 없다. 실제로 많은 원어민들은 약간의 억양이나 문법적 오류가 있더라도 흥미롭고 통찰력 있는 내용을 전달하는 대화 상대를 더 높이 평가한다.

둘째, 언어 사용의 궁극적 목적은 의미 전달과 상호 이해이다. 완벽한 형식보다 명확하고 풍부한 내용이 이러한 목적 달성에 더 직접적으로 기여한다. 실제 비즈니스 환경이나 학술 교류에서도 전문적 지식과 깊이 있는 내용 전달 능력이 문법적 완벽함보다 훨씬 중요하게 평가된다.

셋째, 형식에 대한 지나친 집착은 오히려 의사소통을 방해할 수 있다. 문법적 오류를 범할까 두려워 말을 아끼거나, 발음이 부정확할까 걱정하며 자신감을 잃는 경우가 많다. 이는 결과적으로 더 제한된 의사소통으로 이어진다.

많은 사람들이 영어를 배울 때 발음과 문법을 완벽하게 익히는 것에 집중한다. 물론 정확한 발음과 문법이 의사소통에 도움이 될 수 있지만, 그것이 영어 소통에서 가장 중요한 요소는 아니다. 오히려 **중요한 것은 '자신이 말하고자 하는 주제에 대해 얼마나 깊이 있고 다양한 지식을 가지고 있는가?'** 이다.

우선, 영어를 잘 구사하는 사람들은 반드시 원어민처럼 발음이 정확하거나 문법적으로 완벽한 문장을 쓰는 것이 아니다. 실제로 국제 회의나 학술 토론, 비즈니스 미팅에서 영향력 있는 사람들은 그들의 영어 발음이 원어민과 다를지라도, 강력한 논리와 풍부한 지식을 바탕으로 명확한 메시지를 전달한다. 이처럼 영어에서 중요한 것은 단순히 문법적으로 정확한 문장을 만드는 것이 아니라, 상대방에게 의미 있는 내용을 전달하는 것이다.

결국, 영어를 잘한다는 것은 '얼마나 정확하게 말하는가?'가 아니라, '얼마나 많은 것을 알고 있고, 이를 효과적으로 설명할 수 있는가?'에 달려 있다. 영어는 단순한 언어 기술이 아니라 사고의 도구이며, 결국 **더 많은 것을 알고 더 효과적으로 표현하는 것이 성공적인 영어 소통의 핵심이다.**

Part 2. 독해편

Focus on
  what is the subject and the verb!

Try to see
  what phrases are just being added
  to clarify or add more detail!

1. 직독직해의 원리

영어 지문을 읽을 때 중요한 것은 독해는 번역이 아니라는 것을 인지하는 것이다. 많은 영어 학습자들은 영어 지문을 읽을 때 무의식적으로 한 문장씩 한국어로 번역하려는 습관이 있다. 이는 자연스러운 반응이지만, 효과적인 독해를 방해하는 주요 원인이 될 수 있다. **영어 지문을 읽을 때는 번역을 시도하기보다는 독해에 집중해야 한다.** 독해는 글의 의미를 영어 자체로 이해하는 과정이며, 번역은 한 언어에서 다른 언어로 변환하는 과정이다. 번역을 하면 단어 하나하나를 대응하는 한국어 단어로 변환해야 하기 때문에 시간이 오래 걸리고, 문장 구조가 달라 의미 전달이 왜곡될 위험이 있다. 영어와 한국어가 1대1 매칭되는 것이 아니므로 **영어 지문을 읽을 때는 영어를 한국어스럽게 번역하려 노력하지 말아야 한다.**

영어를 효과적으로 읽고 이해하기 위해서는 우리말과 다른 어순을 극복하는 것이 중요하다. 한국어는 일반적으로 '주어 + 목적어 + 동사'의 어순을 따르는 반면, 영어는 '주어 + 동사 + 목적어'의 구조를 가진다. 이러한 차이 때문에 영어를 공부하는 많은 사람들은 영어 문장을 읽을 때 한국어 어순으로 재배열하여 해석하려는 경향이 있다. 그러나 이러한 방식은 영어 독해 속도를 저하시킬 뿐만 아니라, 문장의 정확한 의미를 파악하는 데에도 방해가 될 수 있다.

영어 지문을 보다 자연스럽게 이해하려면, **영어 문장의 어순을 그대로 유지하면서 읽는 연습이 필요하다.** 이를 위해 '청킹 (chunking)' 기법을 활용할 수 있다. 청킹이란 문장을 의미 단위로 묶어 읽는 방법으로, 통역사들이 실시간 통역을 할 때 사용하는 기법이기도 하다.

단어를 하나씩 번역하다 보면 문장의 구조가 복잡해 보이고, 해석이 매끄럽지 않게 된다. 반면, **문장을 논리적인 단위로 나누면, 정보를 관리하기 쉬운 부분으로 정리하여, 복잡한 문장을 보다 쉽게 이해할 수 있다.** 즉, 긴 문장을 단어 하나하나 읽는 대신, **문법적 구조와 논리적 관계에 따라 의미 있는 단위로 묶을 수 있다.**

다음과 같은 문장이 있다고 하자.

The rapid advancement of technology has significantly changed the way we communicate.

이 문장을 한국어식 어순으로 바꾸려 하면 '기술의 급속한 발전이 우리가 소통하는 방식을 크게 변화시켰다'와 같이 끝까지 읽은 후에야 전체 의미를 파악할 수 있다. 하지만 영어 어순 그대로 읽는다면 다음과 같이 단계적으로 이해할 수 있다.

1. "The rapid advancement of technology"
    → "기술의 급속한 발전이"
2. "has significantly changed" → "크게 변화시켰다"
3. "the way we communicate" → "우리가 소통하는 방식을"

이처럼 영어 어순을 유지하면서 읽는 습관을 들이면, 문장의 흐름을 자연스럽게 따라갈 수 있고 독해 속도도 향상된다. 또한, **'영어를 영어 자체로 이해'**하는 사고방식을 기를 수 있어 영어 실력 향상에 큰 도움이 된다. 이러한 읽기 방식은 특히 수능, TOEFL, TOEIC과 같은 시험에서 긴 지문을 빠르고 정확하게 해석하는 데 효과적이다.

따라서 **영어 독해를 할 때는 한국어 어순으로 재배열하는 습관을 버리고, 영어 문장을 있는 그대로 받아들이는 연습을 꾸준히 하는 것이 중요하다.** 이를 위해 의미 단위로 나누어 읽는 연습을 꾸준히 하며, 점진적으로 더 긴 문장도 자연스럽게 소화할 수 있도록 훈련해야 한다.

그렇다면 문장을 어떻게 구분하여 읽어야 할까?

긴 영어문장을 읽을 때는 '구'와 '절'의 경계를 기준으로 끊어 읽으면 자연스럽다. 영어에서는 '구'와 '절'의 구조를 파악하고, 주어와 동사, 목적어 등을 포함하는 지점에서 끊어 읽는 것이 일반적이며 이를 통해 문장의 의미를 명확하게 파악할 수 있다. 다시 말해, 긴 문장을 읽을 때는 구조적 단위인 '주어 + 동사', '절', '수식어구' 등을 기준으로 각각을 하나의 덩어리로 보고 끊어 읽으면 더 이해하기 쉽다.

긴 문장을 끊어 읽을 때 일반적으로 유의할 점은 다음과 같다.

- '주어 + 동사'는 기본 단위로, 문장이 긴 경우 이 구성을 기준으로 끊어 읽는다.
- 주어 부분이나 목적어 부분 또는 보어 부분은 짧은 경우에는 끊지 않고, 긴 경우에는 끊어 읽는다.
- 연결어(and, but, or, because 등)가 있으면 그 앞뒤로 문장을 구분하여 읽는다.
- 부사절이나 관계절 같은 종속절은 주절과 분리하여 끊어 읽는다.
- 전치사구나 부사구는 짧은 경우에는 끊지 않고, 긴 경우에는 끊어 읽는다.

다음 문장들을 보자.

She went to the store, / bought some groceries, / and then returned home to make dinner.
(그녀는 가게에 가서 / 식료품을 사고 / 그리고 나서 저녁을 준비하기 위해 집에 돌아왔다)

- She went to the store → 주어와 동사가 포함된 독립적인 절
- bought some groceries → 'She went to the store'의 동작을 이어서 설명하는 두 번째 동작
- and then returned home to make dinner → 연결어 'and then'을 기준으로 세 번째 동작

After she finished her homework, / she decided to go for a walk in the park, / which was very relaxing, / and then met her friends for dinner.
(숙제를 끝마치고 나서 / 그녀는 공원에서 산책하기로 했는데 / 그 산책은 매우 편안한 것이었다 / 그리고 나서 저녁을 위해 친구들을 만났다)

- After she finished her homework
  → 시간의 흐름을 나타내는 부사절
- she decided to go for a walk in the park
  → 주어와 동사가 포함된 주절
- which was very relaxing
  → 'walk in the park'를 설명하는 관계절
- and then met her friends for dinner
  → 연결어 'and then'을 기준으로 또 다른 동작

The company, / which has been expanding rapidly over the past few years, / is planning to open new branches / in several cities around the world.
(그 회사는 / 지난 몇 년간 급속히 확장해 왔으며 / 새로운 지사 설립을 계획하고 있다 / 세계 여러 도시에)

- The company → 주어
- which has been expanding rapidly over the past few years → 관계절, 주어 'company'를 수식

- is planning to open new branches
  → 동사가 포함된 문장의 주요 동작
- in several cities around the world
  → 장소를 설명하는 전치사구

The teacher, / who had been teaching for over 20 years, / gave us a really difficult assignment, / which none of us expected.
(그 선생님은 / 20년 이상 가르치고 계시는데 / 우리에게 정말로 어려운 과제를 주셨다 / 이는 우리들 아무도 예상하지 못한 것이었다)

- The teacher → 주어
- who had been teaching for over 20 years
  → 관계절, 주어를 추가로 설명하는 부분
- gave us a really difficult assignment
  → 주어가 한 주요 동작을 포함하는 절
- which none of us expected
  → 관계절, 앞의 명사 'assignment'를 수식

한편, 끊어 읽기에 익숙해지면 위 문장처럼 관계절이 주어를 추가로 설명하는 형식의 문장은 다음과 같이 주어 부분을 하나의 덩어리로 보고 끊어 읽어도 좋다.

The teacher, who had been teaching for over 20 years, / ~
(그 선생님은 20년 이상 가르치고 계시는데 / ~)

다음은 긴 문장을 끊어 읽는 예시들이다.

The rapid advancements in artificial intelligence / which have transformed various industries / continue to raise ethical concerns / regarding privacy and employment.
(인공지능의 급속한 발전은 / 다양한 산업을 변화시켜 왔으며 / 여전히 윤리적 문제를 제기하고 있다 / 프라이버시 및 고용과 관련하여)

While studying abroad can be challenging / it provides students / with valuable cultural experiences and language immersion.
(해외 유학은 어려울 수 있지만, / 학생들에게 제공한다 / 가치 있는 문화 경험과 언어 몰입 기회를)

The Industrial Revolution / which began in the late 18th century / fundamentally transformed economies / by shifting production from manual labor to mechanized systems.
(산업혁명은 / 18세기 후반에 시작되었으며 / 경제를 근본적으로 변화시켰다 / 생산방식을 수작업에서 기계화된 시스템으로 전환시킴으로서)

Global warming / which is caused by excessive greenhouse gas emissions / has led / to rising sea levels and extreme weather conditions.
(지구온난화는 / 지나친 온실가스 배출의 증가로 인해 발생했으며 / 초래했다 / 해수면 상승과 극단적인 기후 조건을)

The new policy / that the government introduced last year to reduce air pollution / has significantly improved / the quality of life in urban areas.
(새로운 정책은 / 정부가 대기오염을 줄이기 위해 작년에 도입했으며 / 크게 향상시켰다 / 도시 지역 삶의 질을)

문장을 논리적인 단위로 나누는 것은 여러 개의 절, 수식어구, 또는 삽입된 개념을 포함하는 복잡한 문장 구조를 다룰 때 특히 유용하다. 이 방법은 정보를 단계적으로 처리할 수 있도록 해주며, 한 번에 긴 문장을 전체적으로 이해하려고 시도하는 대신 점진적으로 의미를 파악할 수 있도록 한다.

예를 들어, 다음과 같은 문장을 살펴보자

As societies become increasingly interconnected through globalization, cultural exchanges, facilitated by advancements in technology and communication, have reshaped the way individuals perceive identity, tradition, and social norms.

이 문장을 전체적으로 읽으면 부담스러울 수 있지만, 다음과 같이 논리적 단위로 나누면 그 구조가 더 명확해진다.

As societies become increasingly interconnected through globalization, / cultural exchanges, facilitated by advancements in technology and communication, / have reshaped the way / individuals perceive identity, tradition, and social norms.
(세계화로 인해 사회가 점점 더 상호 연결됨에 따라, / 기술과 통신의 발전이 촉진한 문화 교류가, / 방식을 변화시켜 왔다 / 개인이 정체성, 전통, 사회 규범을 인식하는)

다음은 복잡한 문장을 논리적 단위로 나눠 해석한 몇 가지 예시이다.

Scientists / who have been studying climate change for decades / warn / that without immediate action, / global temperatures will continue to rise, / leading to more frequent and severe natural disasters.
(과학자들은 / 수십 년간 기후 변화를 연구해 왔으며 / 경고한다 / 즉각적인 조치가 없으면 / 지구 온도가 계속 상승할 것이고 / 더 빈번하고 심각한 자연재해를 초래할 것이라고)

The development of artificial intelligence / which has led to significant breakthroughs in fields such as healthcare, finance, and transportation / continues to raise ethical concerns / particularly regarding data privacy, algorithmic bias, and the future of human labor.

(인공지능의 발전은 / 의료, 금융, 교통과 같은 분야에서 중요한 돌파구를 마련했으며 / 계속해서 윤리적 문제를 제기한다 / 특히, 데이터 프라이버시, 알고리즘 편향성, 인간 노동의 미래와 관련하여)

Many factors contribute to language acquisition: / exposure to native speakers, consistent practice, and an understanding of cultural context / all play crucial roles in developing proficiency.
(언어 습득에는 여러 요인이 기여한다 / 예를 들면 원어민과의 접촉, 지속적인 연습, 그리고 문화적 맥락에 대한 이해이다 / 이 모두가 모두 유창성을 키우는 데 중요한 역할을 한다)

Quantum mechanics — a field that fundamentally challenges classical physics — / demonstrates / that particles can exist in multiple states simultaneously, / a phenomenon known as superposition.
(양자역학은 고전 물리학의 개념을 근본적으로 뒤흔드는 분야이며 / 보여준다 / 입자가 동시에 여러 상태로 존재할 수 있음을 / 그리고 이는 중첩이라는 현상으로 알려져 있다)

If scientific research continues at its current pace, / advancements in biotechnology will soon enable scientists to manipulate genetic material with unprecedented precision, / potentially revolutionizing medicine and agriculture.

(과학 연구가 현재 속도로 계속된다면 / 생명공학의 발전은 곧 과학자들이 유전자 물질을 전례 없는 정밀도로 조작할 수 있도록 하여, / 잠재적으로 의학과 농업을 혁신적으로 변화시킬 수 있다)

결론적으로, 영어 문장을 해석할 때는 **의미 있는 단위로 묶어서 영어 문장의 어순을 그대로 유지하면서 읽는 방식이 훨씬 효과적이다**. 특히 긴 문장이나 복잡한 구조를 가진 문장을 읽을 때, 이 방법을 활용하면 문장을 단순화하면서 핵심 의미를 빠르게 파악할 수 있다. 따라서 영어 독해 능력을 향상시키기 위해서는 이러한 '직독직해' 방식을 익히는 것이 중요하다.

영어를 말하거나 들을 때도 마찬가지이다. 영어를 한국어 어순에 맞춰 해석하고 문장을 구성하려 하면 그 과정에서 시간이 지체될 수밖에 없기 때문에 자연스러운 영어 구사가 어려워진다. 따라서 **영어 어순 그대로 사고하는 연습이 말하기와 듣기 실력 향상에도 필수적이다**.

영어 말하기에서의 적용

영어는 동사가 초반에 위치하기 때문에, 영어 어순에 맞춰 생각하는 습관을 들이는 것이 중요하다.

예를 들어, "나는 어제 친구와 카페에서 커피를 마셨다."를 영어로 말할 때,

한국어 어순대로 생각하면, "I... yesterday... with my friend... at a cafe... drank coffee."처럼 문장을 한국어 어순으로 조립하듯이 말하게 되어 어색하거나 부자연스러운 표현이 된다.

하지만 한국어로 먼저 생각하는 것이 아니라 **처음부터 영어 어순에 맞춰 주어와 동사의 관계를 중심으로 문장의 뼈대를 세우고, 여기에 수식어를 덧붙이는 방식으로 사고하는** 연습을 하면, "I drank coffee at a cafe with my friend yesterday."와 같이 자연스럽게 문장을 구성할 수 있다.

영어 듣기에서의 적용

영어를 들을 때도 한국어 어순으로 변환하려는 습관이 듣기 속도를 저하시키는 원인이 된다. 예를 들어, 다음 문장을 들을 때를 생각해 보자.

"She will visit her grandmother in New York next summer."

한국어식으로 듣는다면 영어문장을 한국어 어순으로 재배열하기 위해서 뒤쪽 정보까지 기다린 후 "그녀는 내년 여름에 뉴욕에서 할머니를 방문할 것이다."처럼 해석하는 사이에 맥락이나 흐름을 놓치게 되기 쉽다.

하지만 영어 어순대로 받아들이면 "그녀는 방문할 것이다 / 할머니를 / 뉴욕에서 / 내년 여름에"처럼 순차적으로 의미를 이해할 수 있어 듣기 속도가 향상된다.

따라서 영어를 들을 때 문장을 끝까지 듣고 해석하는 것이 아니라, 들리는 순서대로 바로바로 의미를 파악하는 연습이 필요하다.

이하에서는 다양한 주제의 독해지문을 제시하였다.

지금까지 논의한 '직독직해' 방식, 즉 영어 문장을 의미 있는 단위로 묶어서 영어 문장의 어순을 그대로 유지하면서 읽는 방식을 연습해 보도록 하자.

독해연습

Efficient English Reading: Strategies That Differ from Translation

Reading and translating English may seem similar, but they require distinct cognitive processes and skills. When reading in English, comprehension is the primary goal, focusing on understanding meaning from context. Even if readers do not understand every word, they can still infer meaning as long as they grasp the overall idea. In contrast, translation requires a more precise understanding of words, along with their nuances and cultural connotations. Unlike readers who focus on the flow of ideas, translators must carefully consider sentence structure, tone, and idiomatic expressions.

Because reading focuses on comprehension rather than word-for-word accuracy, adopting strategies suited to efficient reading is essential. One effective strategy is skimming, which involves quickly scanning a text to grasp its main ideas. This method allows readers to process large amounts of information efficiently without getting stuck on every unfamiliar word. Context clues also help readers deduce the meanings of unknown words by analyzing surrounding words, sentence structure, and tone. Rather than relying solely on a dictionary, readers can infer meaning from the text itself.

Another useful technique is breaking sentences into logical chunks, which makes complex sentences easier to understand. Instead of reading long sentences word by word, grouping words into meaningful segments improves comprehension. This approach simplifies intricate sentence structures and helps extract key meanings without confusion. It's particularly effective when analyzing academic texts, legal documents, or literature, where multiple ideas are often intertwined in a single sentence. Regular practice with these techniques strengthens comprehension skills and improves proficiency in understanding complex texts. Taking notes or underlining key points reinforces understanding and improves retention. By applying these strategies, readers can develop the ability to comprehend English texts with greater ease. Since reading and translation serve different purposes, choosing the right approach for each is crucial for successful language learning.

- Reading and translating English may seem similar, / but they require distinct cognitive processes and skills.
(영어 독해와 번역은 비슷해 보일 수 있지만, / 서로 다른 인지 과정과 기술을 요구한다)
- When reading in English, / comprehension is the primary goal, / focusing on understanding meaning from context.
(영어 독해를 할 때는 / 이해하는 것이 주된 목표가 된다 / 맥락에서 의미를 이해하는 것에 집중하여)
- Even if readers do not understand every word, / they can still infer meaning / as long as they grasp the overall idea.
(독자는 모든 단어를 알지 못하더라도 / 내용을 추론할 수 있다 / 전체적인 의미를 파악하기만 하면)
- In contrast, translation requires a more precise understanding of words, / along with their nuances and cultural connotations.
(반면, 번역은 단어에 대한 보다 정확한 이해를 필요로 한다 / 단어의 뉘앙스와 문화적 함의를 포함하여)
- Unlike <u>readers</u> / who <u>focus on the flow of ideas</u>, / translators must carefully consider sentence structure, tone, and idiomatic expressions.
(독자와 달리 <u>아이디어의 흐름에 집중하는</u> / 번역가는 문장 구조, 어조, 관용 표현을 신중히 고려해야 한다)

- Because reading focuses on comprehension rather than word-for-word accuracy, / adopting strategies suited to efficient reading is essential.
(독해는 단어 하나하나의 정확성보다 의미 이해에 초점을 맞추기 때문에 / 효율적인 독해에 적합한 전략을 적용하는 것이 필수적이다)
- One effective strategy is skimming, / which involves quickly scanning a text / to grasp its main ideas.
(효과적인 전략 중 하나는 훑어 읽기이며, / 텍스트를 빠르게 훑어보는 것을 수반한다 / 주요 아이디어를 파악하기 위해)
- This method allows readers to process large amounts of information efficiently / without getting stuck on every unfamiliar word.
(이 방법은 독자들이 많은 정보를 효율적으로 처리할 수 있도록 해준다 / 모르는 단어마다 멈추는 것 없이)
- Context clues also help readers deduce the meanings of unknown words / by analyzing surrounding words, sentence structure, and tone.
(맥락 단서 또한 독자들이 모르는 단어의 의미를 유추하는 데 도움이 된다 / 주변 단어, 문장 구조, 어조를 분석함으로써)
- Rather than relying solely on a dictionary, / readers can infer meaning from the text itself.
(사전에만 의존하는 대신 / 독자는 텍스트 자체에서 의미를 추론할 수 있다)

- Another useful technique is breaking sentences into logical chunks, / which makes complex sentences easier to understand.
(또 다른 유용한 기법은 문장을 논리적인 단위로 나누는 것이며 / 이는 복잡한 문장을 더 쉽게 이해할 수 있도록 만들어준다)
- Instead of reading long sentences word by word, / grouping words into meaningful segments / improves comprehension.
(긴 문장을 단어 단위로 읽는 대신 / 단어들을 의미 있는 단위로 묶는 것은 / 이해도를 향상시킨다)
- This approach simplifies intricate sentence structures / and helps extract key meanings without confusion.
(이 방법은 복잡한 문장 구조를 단순화하며 / 혼란 없이 핵심 의미를 추출할 수 있도록 돕는다)
- It is particularly effective / when analyzing academic texts, legal documents, or literature, / <u>where</u> multiple ideas are often intertwined in a single sentence.
(이 기법은 특히 효과적이다 / 학술 텍스트, 법률 문서, 또는 문학 작품을 분석할 때 / <u>이러한 글에서는</u> 종종 여러 개의 아이디어가 하나의 문장 안에 얽혀 있다)

- Regular practice with these techniques / strengthens comprehension skills / and improves proficiency in understanding complex texts.
(이러한 기법을 꾸준히 연습하는 것은 / 독해 능력을 향상시키며 / 복잡한 텍스트를 이해하는 숙련도를 개선시킨다)
- Taking notes or underlining key points / reinforces understanding and improves retention.
(메모를 하거나 중요한 부분에 밑줄을 긋는 것은 / 이해를 강화하고 기억력을 높인다)
- By applying these strategies, / readers can develop the ability / to comprehend English texts with greater ease.
(이러한 전략들을 적용함으로써 / 독자는 능력을 키울 수 있다 / 영어 지문을 훨씬 더 쉽게 이해하는)
- Since reading and translation serve different purposes, / choosing the right approach for each / is crucial for successful language learning.
(독해와 번역은 목적이 다르므로 / 각각에 맞는 적절한 접근법을 선택하는 것은 / 효과적인 언어 학습을 위해 매우 중요하다)

From Ancient Wisdom to Modern Inquiry: The Timeless Journey of Philosophy

Philosophy is the rigorous study of fundamental questions concerning existence, knowledge, ethics, and reason. It aims to explore the nature of reality, the boundaries of human understanding, and the principles guiding moral and rational behavior. Philosophers engage in deep inquiry, posing questions such as "What is the ultimate purpose of life?" and "How can we ascertain truth?"

The roots of philosophy extend back to ancient civilizations, particularly in Greece, India, and China. In ancient Greece, seminal thinkers like Socrates, Plato, and Aristotle established the foundation of Western philosophical thought. Socrates advocated for dialectical reasoning and critical dialogue to uncover truth. Plato introduced the theory of forms, proposing that abstract ideals shape reality. Aristotle, by contrast, pioneered systematic logic and empirical investigation, significantly influencing numerous academic disciplines. In India, rich philosophical traditions such as Hinduism and Buddhism examined concepts of selfhood, suffering, and enlightenment. Chinese philosophy, spearheaded by Confucius and Laozi, emphasized ethical conduct, societal harmony, and the principles of natural order. These traditions continue to shape global philosophical discourse and cultural values.

Throughout history, philosophy has profoundly shaped disciplines such as science, politics, and theology. The development of the scientific method, the evolution of democratic systems, and the conceptualization of human rights all derive from philosophical inquiry.

Contemporary debates continue to explore pressing issues like artificial intelligence, determinism versus free will, and the enigmatic nature of consciousness. Engaging in philosophical study cultivates advanced critical thinking skills, challenges assumptions, and fosters intellectual discourse. It promotes open-minded exploration and a nuanced appreciation of diverse perspectives. Ultimately, philosophy remains an essential field, compelling us to reflect deeply on the complexities of existence and our role within the universe.

- Philosophy is the rigorous study of fundamental questions / concerning existence, knowledge, ethics, and reason.
(철학은 근본적인 질문들을 엄밀하게 연구하는 학문이다 / 존재, 지식, 윤리, 그리고 이성과 관련된)
- It aims to explore / the nature of reality, the boundaries of human understanding, / and the principles guiding moral and rational behavior.
(철학은 탐구하는 것을 목표로 한다 / 현실의 본질, 인간 이해의 한계, / 그리고 도덕적·합리적 행동을 이끄는 원칙을)
- Philosophers engage in deep inquiry, / posing questions / such as "What is the ultimate purpose of life?" and "How can we ascertain truth?"
(철학자들은 깊이 있는 탐구를 수행하며 / 질문을 던진다 / 예를 들어 "삶의 궁극적인 목적은 무엇인가?", "우리는 어떻게 진리를 확신할 수 있는가?"와 같은)

- The roots of philosophy extend back / to ancient civilizations, particularly in Greece, India, and China.
(철학의 기원은 거슬러 올라간다 / 고대 문명, 특히 그리스, 인도, 그리고 중국으로)

- In ancient Greece, / seminal thinkers like Socrates, Plato, and Aristotle established / the foundation of Western philosophical thought.
(고대 그리스에서 / 소크라테스, 플라톤, 아리스토텔레스와 같은 주요 사상가들은 마련했다 / 서양 철학 사상의 토대를)
- Socrates advocated for / dialectical reasoning and critical dialogue / to uncover truth.
(소크라테스는 주장했다 / 변증법적 사고와 비판적 대화를 / 진리를 밝히기 위해)
- Plato introduced the theory of forms, / proposing that abstract ideals shape reality.
(플라톤은 이데아론을 제시하면서 / 추상적 이데아가 현실을 형성한다고 주장했다)
- Aristotle, by contrast, pioneered systematic logic and empirical investigation, / significantly influencing numerous academic disciplines.
(반면 아리스토텔레스는 체계적인 논리와 경험적 탐구를 개척하여 / 수많은 학문 분야에 큰 영향을 미치고 있다)
- In India, rich philosophical traditions such as Hinduism and Buddhism / examined concepts of selfhood, suffering, and enlightenment.
(인도에서는 힌두교와 불교 같은 풍부한 철학적 전통이 / 자아, 고통, 깨달음의 개념을 탐구했다)

- Chinese philosophy, spearheaded by Confucius and Laozi, emphasized / ethical conduct, societal harmony, and the principles of natural order.
(공자와 노자가 주도한 중국 철학은 강조했다 / 윤리적 행동, 사회적 조화, 그리고 자연 질서의 원칙을)
- These traditions continue to shape / global philosophical discourse and cultural values.
(이러한 전통들은 지속적인 영향을 미치고 있다 / 세계 철학 담론과 문화적 가치에)

- Throughout history, philosophy has profoundly shaped / disciplines such as science, politics, and theology.
(역사적으로 철학은 깊은 영향을 미쳐 왔다 / 과학, 정치, 신학과 같은 분야에)
- The development of the scientific method, the evolution of democratic systems, / and the conceptualization of human rights / all derive from philosophical inquiry.
(과학적 방법의 발전, 민주주의 체제의 진화, / 그리고 인권 개념의 형성은 / 모두 철학적 탐구에서 비롯되었다)

- Contemporary debates continue to explore pressing issues / like artificial intelligence, determinism versus free will, and the enigmatic nature of consciousness.
(현대 철학 논쟁은 계속해서 시급한 문제들을 탐구하고 있다 / 인공지능, 결정론과 자유 의지, 그리고 의식의 신비로운 본질과 같은)
- Engaging in philosophical study / cultivates advanced critical thinking skills, challenges assumptions, and fosters intellectual discourse.
(철학 연구에 참여하는 것은 / 고급 비판적 사고 능력을 함양하고, 기존의 가정을 의심하게 하며, 지적 담론을 발전시킨다)
- It promotes / open-minded exploration and a nuanced appreciation of diverse perspectives.
(그것은 장려한다 / 열린 탐구와 다양한 관점을 정교하게 이해하는 능력을)
- Ultimately, philosophy remains an essential field, / compelling us to reflect deeply / on the complexities of existence and our role within the universe.
(궁극적으로, 철학은 필수적인 학문으로 남아 / 우리에게 깊이 성찰하도록 강요한다 / 존재의 복잡성과 우주 속에서의 우리의 역할을)

Supply, Demand, and the Dynamics of a Free Market

In a free market economy, prices are determined by the forces of supply and demand. When demand for a product increases, prices tend to rise, encouraging producers to make more of it. Conversely, if supply surpasses demand, prices decrease, leading to reduced production. This dynamic ensures that resources are allocated efficiently, allowing businesses to adjust their strategies accordingly. For example, if more people suddenly want electric cars, manufacturers will ramp up production to meet demand, hiring additional workers and expanding facilities. On the other hand, if demand drops unexpectedly due to economic downturns or changes in consumer preferences, companies may lower prices or halt production temporarily.

Governments sometimes intervene in markets to control extreme price fluctuations, such as setting price ceilings on essential goods or providing subsidies to stabilize key industries. However, too much intervention can distort natural market forces, leading to inefficiencies that may hurt long-term economic growth. Some economists argue that free markets function best without interference, while others believe regulation is necessary to protect consumers from monopolies and exploitative practices.

Understanding supply and demand helps businesses make informed decisions about pricing and production, reducing the risks associated with market volatility. Consumers, too, can benefit by making purchases when supply is high and prices are low, which allows them to maximize their purchasing power.

The ability to predict and adapt to these changes is essential for both businesses and consumers in navigating the complexities of the market. Companies that fail to respond effectively may find themselves struggling to compete, while those that anticipate shifts in supply and demand can gain a competitive edge. By studying past trends and leveraging data analytics, businesses can make more accurate forecasts, ensuring they remain resilient in an ever-changing economic landscape.

- In a free market economy, prices are determined by the forces of supply and demand.
(자유 시장 경제에서 가격은 수요와 공급의 힘에 의해 결정된다)
- When demand for a product increases, / prices tend to rise, / encouraging producers to make more of it.
(어떤 제품에 대한 수요가 증가하면 / 가격이 상승하는 경향이 있으며 / 생산자들이 그 제품을 더 많이 만들도록 장려한다)
- Conversely, if supply surpasses demand, / prices decrease, / leading to reduced production.
(반대로, 공급이 수요를 초과하면 / 가격이 하락하고 / 생산 감소로 이어진다)
- This dynamic ensures that resources are allocated efficiently, / allowing businesses to adjust their strategies accordingly.
(이러한 역학 관계는 자원이 효율적으로 배분되도록 보장하며 / 기업들이 이에 맞춰 전략을 조정할 수 있도록 해준다)
- For example, if more people suddenly want electric cars, / manufacturers will ramp up production to meet demand, / hiring additional workers and expanding facilities.
(예를 들어, 더 많은 사람들이 갑자기 전기차를 원하게 되면 / 제조업체들은 수요를 충족시키기 위해 생산을 증가시킬 것이며 / 추가 인력을 고용하고 시설을 확장할 것이다)

- On the other hand, if demand drops unexpectedly / due to economic downturns or changes in consumer preferences, / companies may lower prices or halt production temporarily.
(반면에 수요가 예상치 못하게 감소하면 / 경제 침체나 소비자 선호 변화로 인해 / 기업들은 가격을 낮추거나 일시적으로 생산을 중단할 수도 있다)

- Governments sometimes intervene in markets / to control extreme price fluctuations, / such as setting price ceilings on essential goods / or providing subsidies to stabilize key industries.
(정부는 극단적인 때때로 시장에 개입한다 / 극심한 가격 변동을 조절하기 위해 / 예를 들어 필수 품목의 가격 상한선을 설정하거나 / 핵심 산업을 안정화하기 위해 보조금을 지급하는 방식으로)

- However, too much intervention can distort natural market forces, / leading to inefficiencies / that may hurt long-term economic growth.
(그러나, 과도한 개입은 자연스러운 시장의 힘을 왜곡할 수 있으며 / 비효율성을 초래하여 / 장기적인 경제 성장에 해를 끼칠 수 있다)

- Some economists argue / that free markets function best without interference, / while others believe regulation is necessary / to protect consumers from monopolies and exploitative practices.
(일부 경제학자들은 주장한다 / 자유 시장은 개입 없이 가장 잘 작동한다고 / 반면에 다른 경제학자들은 규제가 필요하다고 믿는다 / 소비자를 독점과 착취적인 관행으로부터 보호하기 위해)

- Understanding supply and demand helps businesses make informed decisions about pricing and production, / reducing the risks associated with market volatility.
(수요와 공급을 이해하는 것은 기업들이 가격 책정과 생산에 관한 정보에 입각한 결정을 내리도록 도와주며 / 시장 변동성에 따른 위험을 감소시킨다)

- Consumers, too, can benefit / by making purchases when supply is high and prices are low, / which allows them to maximize their purchasing power.
(소비자들 또한 혜택을 볼 수 있으며 / 공급이 많고 가격이 낮을 때 구매함으로써 / 이를 통해 구매력을 극대화할 수 있다)

- The ability to predict and adapt to these changes / is essential for both businesses and consumers / in navigating the complexities of the market.
(이러한 변화를 예측하고 적응하는 능력은 / 기업과 소비자 모두에게 필수적이다 / 시장의 복잡성을 헤쳐 나가는 데 있어)

- Companies that fail to respond effectively / may find themselves struggling to compete, / while those that anticipate shifts in supply and demand / can gain a competitive edge.
(효과적으로 대응하지 못하는 기업들은 / 경쟁에서 어려움을 겪을 수 있다 / 반면에 수요와 공급의 변화를 예측하는 기업들은 / 경쟁 우위를 확보할 수 있다)

- By studying past trends and leveraging data analytics, / businesses can make more accurate forecasts, / ensuring they remain resilient / in an ever-changing economic landscape.
(과거의 트렌드를 연구하고 데이터 분석을 활용함으로써 / 기업들은 보다 정확한 예측을 할 수 있으며 / 그들이 탄력적으로 대응할 수 있도록 보장한다 / 끊임없이 변화하는 경제 환경 속에서도)

Monetary Stability: The Crucial Role of Inflation Management

Inflation occurs when the general price level of goods and services rises over time. While moderate inflation can indicate economic growth, excessive inflation reduces the purchasing power of money, making everyday goods and services more expensive. For example, if inflation is high, people need more money to buy the same items they could afford last year, leading to financial strain on households.

To control inflation and maintain economic stability, central banks use interest rate adjustments, which influence borrowing and spending patterns. When inflation rises sharply, central banks may increase interest rates to reduce excessive spending and borrowing, thereby slowing down inflation. Conversely, during periods of low inflation or deflation, they may lower rates to encourage borrowing and investment, stimulating economic activity.

Inflation affects different groups in different ways. Borrowers may benefit because they repay loans with money that has less value over time, while savers may suffer as their savings lose purchasing power. Businesses, too, must adjust their pricing strategies and cost structures to manage inflationary pressures effectively. Inflation can also impact international trade; if one country experiences higher inflation than its trading partners, its exports may become more expensive and less competitive in global markets. This, in turn, can lead to trade imbalances and currency depreciation. To manage inflation, governments implement a combination of monetary and fiscal policies aimed at keeping inflation rates within a stable range.

Inflationary pressures can create uncertainty in financial markets, discouraging investment and long-term economic planning. Additionally, inflation affects consumer confidence, as people tend to reduce discretionary spending when they perceive prices as rising too rapidly.

Long-term inflation trends shape national economic policies and influence decisions in areas such as taxation, public spending, and interest rate policies. Therefore, maintaining a stable inflation rate is crucial for sustaining economic growth and ensuring financial stability in both domestic and global markets.

- Inflation occurs / when the general price level of goods and services rises over time.
(인플레이션은 발생한다 / 상품과 서비스의 일반적인 가격 수준이 시간이 지나며 상승할 때)
- While moderate inflation can indicate economic growth, / excessive inflation reduces the purchasing power of money, / making everyday goods and services more expensive.
(적당한 인플레이션은 경제 성장을 나타낼 수 있지만, / 과도한 인플레이션은 화폐의 구매력을 감소시켜 / 일상적인 상품과 서비스를 더 비싸게 만든다)
- For example, if inflation is high, / people need more money / to buy the same items they could afford last year, / leading to financial strain on households.
(예를 들어, 만약 인플레이션이 높다면 / 사람들은 더 많은 돈이 필요하게 된다 / 작년에 살 수 있었던 것과 같은 물건을 사려면 / 이는 가계의 재정적 부담 증가로 귀결된다)

- To control inflation and maintain economic stability, / central banks use interest rate adjustments, / which influence borrowing and spending patterns.
(인플레이션을 통제하고 경제 안정을 유지하기 위해 / 중앙은행은 금리 조정을 사용하는데 / 이는 대출과 소비 패턴에 영향을 미친다)

- When inflation rises sharply, / central banks may increase interest rates / to reduce excessive spending and borrowing, / thereby slowing down inflation.
(인플레이션이 급상승할 때 / 중앙은행은 금리를 인상할 수도 있다 / 과도한 소비와 대출을 줄이기 위해 / 그렇게 함으로써 인플레이션을 둔화시킨다)
- Conversely, during periods of low inflation or deflation, / they may lower rates / to encourage borrowing and investment, / stimulating economic activity.
(반대로, 인플레이션이 낮거나 디플레이션이 발생하는 기간에는 / 중앙은행이 금리를 낮출 수도 있다 / 대출과 투자를 장려하기 위해 / 이를 통해 경제 활동을 촉진시킨다)

- Inflation affects different groups in different ways.
(인플레이션은 서로 다른 집단에 서로 다른 방식으로 영향을 미친다)
- Borrowers may benefit / because they repay loans with money / that has less value over time, / while savers may suffer / as their savings lose purchasing power.
(대출자는 혜택을 볼 수도 있다 / 화폐로 대출을 상환하기 때문에 / 시간이 지나면서 가치가 떨어진 / 반면 저축하는 사람들은 손해를 볼 수도 있다 / 저축한 돈의 구매력이 감소하면서)

- Businesses, too, must adjust their pricing strategies and cost structures / to manage inflationary pressures effectively.
(기업들 또한 가격 전략과 비용 구조를 조정해야 한다 / 인플레이션 압력을 효과적으로 관리하기 위해)
- Inflation can also impact international trade; / if one country experiences higher inflation than its trading partners, / its exports may become more expensive and less competitive in global markets.
(인플레이션은 또한 국제 무역에 영향을 미칠 수 있다 / 만약 한 국가가 교역 상대국보다 높은 인플레이션을 경험한다면 / 그 나라의 수출품은 더 비싸지고 글로벌 시장에서 경쟁력이 낮아질 수 있다)
- This, in turn, can lead to trade imbalances and currency depreciation.
(이는 결국 무역 불균형과 통화 가치 하락으로 이어질 수 있다)
- To manage inflation, governments implement a combination of monetary and fiscal policies / aimed at keeping inflation rates within a stable range.
(인플레이션을 관리하기 위해, 정부는 통화 및 재정 정책을 조합하여 시행한다 / 인플레이션을 안정적인 범위 내에서 유지하는 것을 목표로)

- Inflationary pressures can create uncertainty in financial markets, / discouraging investment and long-term economic planning.
(인플레이션 압력은 금융 시장에서 불확실성을 초래할 수 있으며 / 이는 투자와 장기적인 경제 계획을 위축시키게 된다)
- Additionally, inflation affects consumer confidence, / as people tend to reduce discretionary spending / when they perceive prices as rising too rapidly.
(또한, 인플레이션은 소비자 신뢰도에 영향을 미친다 / 왜냐하면 사람들이 선택적 소비를 줄이는 경향을 보이기 때문이다 / 가격이 너무 빠르게 상승한다고 인식할 때)

- Long-term inflation trends shape national economic policies and influence decisions / in areas such as taxation, public spending, and interest rate policies.
(장기적인 인플레이션 추세는 국가 경제 정책을 형성하고 여러 결정에 영향을 미친다 / 세금 정책, 공공 지출, 금리 정책과 같은 분야에서)
- Therefore, maintaining a stable inflation rate is crucial / for sustaining economic growth and ensuring financial stability / in both domestic and global markets.
(따라서, 안정적인 인플레이션율을 유지하는 것은 매우 중요하다 / 경제 성장을 지속하고 금융 안정을 보장하는 데 있어 / 국내 및 글로벌 시장 모두에서)

The Industrial Revolution: Transformation, Challenges, and Lasting Legacy

The Industrial Revolution, which began in the late 18th century, fundamentally transformed societies by shifting economies from agrarian to industrial. This transition was driven by technological innovations, such as the steam engine and mechanized textile production, which increased efficiency and productivity. As factories proliferated, urbanization accelerated, drawing large populations to cities in search of employment. However, this rapid industrialization also brought significant social and economic challenges, including harsh working conditions, child labor, and income inequality.

Governments and social reformers responded to these challenges with legislative measures and advocacy for labor rights. In the 19th century, laws regulating working hours and improving workplace conditions began to emerge, leading to gradual improvements in labor standards. Labor unions also played a crucial role in advocating for fair wages and better treatment of workers. Despite these efforts, disparities between social classes persisted, shaping economic and political dynamics for decades.

In addition to its impact on labor, the Industrial Revolution significantly influenced global trade. Mass production lowered the cost of goods, making products more accessible to consumers. Moreover, technological progress during this era laid the groundwork for modern innovations. Advancements in transportation, such as the steam locomotive and improved road networks, facilitated faster movement of goods and people. Similarly, developments in communication, including the telegraph, revolutionized long-distance interactions, paving the way for globalization.

Despite the benefits, industrialization also had environmental consequences. Increased factory emissions contributed to air pollution, while deforestation and resource extraction disrupted ecosystems.

The Industrial Revolution remains one of the most transformative periods in human history. While it ushered in economic growth and technological advancements, it also underscored the need for social responsibility and sustainable development. Its legacy continues to shape modern economies and societies, highlighting the complex interplay between progress and its consequences.

- The Industrial Revolution, which began in the late 18th century, / fundamentally transformed societies / by shifting economies from agrarian to industrial.
(산업혁명은 18세기 후반에 시작되어 / 사회를 근본적으로 변화시켰다 / 경제를 농업 중심에서 산업 중심으로 전환시킴으로써)
- This transition was driven by technological innovations, / such as the steam engine and mechanized textile production, / which increased efficiency and productivity.
(이러한 전환은 기술 혁신에 의해 주도되었다 / 증기 기관과 기계화된 섬유 생산과 같은 / 이는 효율성과 생산성을 증가시켰다)
- As factories proliferated, / urbanization accelerated, / drawing large populations to cities in search of employment.
(공장이 급격히 증가하면서 / 도시화가 가속화되었고 / 많은 사람들이 일자리를 찾아 도시로 몰려들었다)
- However, this rapid industrialization also brought significant social and economic challenges, / including harsh working conditions, child labor, and income inequality.
(그러나 이러한 급속한 산업화는 중요한 사회적, 경제적 문제 또한 초래했다 / 열악한 근무 환경, 아동 노동, 소득 불평등을 포함하여)

- Governments and social reformers responded to these challenges / with legislative measures and advocacy for labor rights.
(정부와 사회 개혁가들은 이러한 문제에 대응했다 / 입법 조치와 노동권 옹호를 통해)
- In the 19th century, laws regulating working hours and improving workplace conditions / began to emerge, / leading to gradual improvements in labor standards.
(19세기에 근무 시간을 규제하고 작업 환경을 개선하는 법이 / 등장하기 시작했으며 / 이는 점진적인 노동 기준의 향상을 가져왔다)
- Labor unions also played a crucial role / in advocating for fair wages and better treatment of workers.
(노동조합 또한 중요한 역할을 했다 / 공정한 임금과 노동자들에 대한 보다 나은 처우를 요구하는 데 있어)
- Despite these efforts, disparities between social classes persisted, / shaping economic and political dynamics for decades.
(이러한 노력에도 불구하고, 사회 계층 간 격차는 지속되어 / 수십 년 동안 경제 및 정치적 역학에 영향을 미쳤다)

- In addition to its impact on labor, / the Industrial Revolution significantly influenced global trade.
(노동에 미친 영향 외에도 / 산업혁명은 세계 무역에도 큰 영향을 미쳤다)
- Mass production lowered the cost of goods, / making products more accessible to consumers.
(대량 생산은 상품의 비용을 낮추어 / 소비자들이 보다 쉽게 제품을 구입할 수 있도록 했다)
- Moreover, technological progress during this era / laid the groundwork for modern innovations.
(게다가 이 시대의 기술 발전은 / 현대의 혁신을 위한 기초를 마련했다)
- Advancements in transportation, such as the steam locomotive and improved road networks, / facilitated faster movement of goods and people.
(증기 기관차 및 개선된 도로망과 같은 교통수단의 발전은 / 상품과 사람의 이동을 더욱 빠르게 했다)
- Similarly, developments in communication, including the telegraph, / revolutionized long-distance interactions, / paving the way for globalization.
(마찬가지로, 전신을 포함한 통신 기술의 발전은 / 장거리 상호작용을 혁신시켜 / 세계화의 길을 열었다)

- Despite the benefits, industrialization also had environmental consequences.
(이러한 이점에도 불구하고, 산업화는 환경적 영향도 초래했다)
- Increased factory emissions contributed to air pollution, / while deforestation and resource extraction disrupted ecosystems.
(공장에서 배출되는 오염물질의 증가는 대기오염을 유발했으며 / 그 기간 동안 산림 파괴와 자원 채굴이 생태계를 교란시켰다)

- The Industrial Revolution remains / one of the most transformative periods in human history.
(산업혁명은 남아 있다 / 인류 역사에서 가장 혁신적인 시기 중 하나로)
- While it ushered in economic growth and technological advancements, / it also underscored / the need for social responsibility and sustainable development.
(산업혁명은 경제 성장과 기술 발전을 가져왔지만 / 동시에 강조했다 / 사회적 책임과 지속 가능한 발전의 필요성을)
- Its legacy continues to shape modern economies and societies, / highlighting the complex interplay between progress and its consequences.
(그 유산은 현대 경제와 사회를 계속 형성하고 있으며 / 발전과 그에 따른 결과 사이의 복잡한 상호작용을 보여준다)

From Athens to Algorithms: Democracy in the Digital Era

Democracy, which originates from the Greek words "demos" (people) and "kratos" (power), is a system of government in which political authority is vested in the people. This form of governance ensures that citizens have a voice in decision-making through mechanisms such as elections and referendums. One of the core principles of democracy is the protection of fundamental rights including freedom of speech, religion, and assembly. Representative democracy, which is the most common form today, allows citizens to elect officials to legislate and govern on their behalf. Direct democracy, in contrast, enables citizens to vote on laws and policies directly. Checks and balances are fundamental to democratic systems to prevent the concentration of power in any one branch of government. An independent judiciary plays a crucial role in upholding the rule of law and protecting civil liberties.

Despite its strengths, democracy faces challenges such as political polarization, misinformation, and voter apathy. The rise of digital technology has transformed democratic participation by increasing access to information and enabling online activism. However, concerns have emerged regarding the spread of fake news and the manipulation of public opinion through social media.

Democracy is not a static system but rather an evolving process requiring constant vigilance and engagement. Throughout history, democratic movements have emerged in response to oppression and authoritarian rule. The expansion of democratic principles has led to greater political inclusion and the empowerment of marginalized communities.

While no system is perfect, democracy remains a widely valued ideal that promotes equality, accountability, and human rights. The future of democracy depends on the active participation of informed citizens who uphold democratic values and institutions. As societies continue to evolve, democracy must adapt to address new challenges while preserving its foundational principles.

- Democracy, which originates from the Greek words "demos" (people) and "kratos" (power), / is a system of government / in which political authority is vested in the people.
(민주주의는 "데모스"(사람)와 "크라토스"(권력)라는 그리스어에서 유래하며 / 정부 시스템이다 / 정치적 권력이 국민에게 부여되는)
- This form of governance ensures / that citizens have a voice in decision-making / through mechanisms such as elections and referendums.
(이러한 통치 형태는 보장한다 / 시민들이 의사결정을 하는 데 있어 발언권을 가지도록 / 선거 및 국민투표와 같은 절차를 통해)
- One of the core principles of democracy / is the protection of fundamental rights / including freedom of speech, religion, and assembly.
(민주주의의 핵심 원칙 중 하나는 / 기본권 보호이다 / 표현의 자유, 종교의 자유, 집회의 자유를 포함한)
- Representative democracy, / which is the most common form today, / allows citizens to elect officials / to legislate and govern on their behalf.
(대의 민주주의는 / 오늘날 가장 일반적인 형태로 / 시민들이 공직자를 선출할 수 있도록 한다 / 자신을 대신해 입법하고 통치할)

- Direct democracy, in contrast, / enables citizens to vote on laws and policies directly.
(직접 민주주의는 대조적으로 / 시민들이 법과 정책을 직접 투표할 수 있도록 한다)
- Checks and balances are fundamental to democratic systems / to prevent the concentration of power / in any one branch of government.
(견제와 균형은 민주주의 시스템의 기본 요소이다 / 권력이 집중되는 것을 방지하기 위한 / 정부의 어느 한 부서에)
- An independent judiciary plays a crucial role / in upholding the rule of law and protecting civil liberties.
(독립적인 사법부는 중요한 역할을 한다 / 법치를 유지하고 시민의 자유를 보호하는 데 있어)

- Despite its strengths, democracy faces challenges / such as political polarization, misinformation, and voter apathy.
(그 강점에도 불구하고, 민주주의는 도전에 직면해 있다 / 정치적 양극화, 허위 정보, 유권자 무관심과 같은)

- The rise of digital technology has transformed democratic participation / by increasing access to information and enabling online activism.
(디지털 기술의 발전은 민주적 참여를 변화시켰다 / 정보 접근성을 높이고 온라인 활동을 가능하게 함으로써)
- However, concerns have emerged / regarding the spread of fake news and the manipulation of public opinion through social media.
(그러나, 우려가 제기되었다 / 가짜 뉴스의 확산 및 소셜 미디어를 통한 여론 조작에 관한)

- Democracy is not a static system but rather an evolving process / requiring constant vigilance and engagement.
(민주주의는 정적인 시스템이 아니고 오히려 진화하는 과정이다 / 지속적인 경계와 참여가 필요한)
- Throughout history, democratic movements have emerged / in response to oppression and authoritarian rule.
(역사를 통틀어, 민주주의 운동은 등장했다 / 억압과 권위주의적 통치에 대한 반응으로)

- The expansion of democratic principles has led / to greater political inclusion and the empowerment of marginalized communities.
(민주주의 원칙의 확장은 가져왔다 / 더 큰 정치적 포용성 및 소외된 공동체의 권한 강화를)

- While no system is perfect, / democracy remains a widely valued ideal / that promotes equality, accountability, and human rights.
(어떤 시스템도 완벽하지 않지만 / 민주주의는 폭넓게 가치 있는 이념으로 남아있다 / 평등, 책임, 인권을 증진하는)

- The future of democracy depends on the active participation of informed citizens / who uphold democratic values and institutions.
(민주주의의 미래는 정보에 기반한 시민들의 적극적인 참여에 달려있다 / 민주주의적 가치와 제도를 지지하는)

- As societies continue to evolve, / democracy must adapt to address new challenges / while preserving its foundational principles.
(사회가 계속 진화함에 따라 / 민주주의는 새로운 도전에 대응하는 것에 적응해야 한다 / 그 기본 원칙을 유지하면서도)

Beyond Algorithms: How AI is Revolutionizing Industries and Raising New Questions

The rapid advancement of artificial intelligence (AI) has significantly altered various industries by introducing automation, improving efficiency, and reshaping traditional workflows. Sophisticated machine learning algorithms have enabled AI to analyze and interpret complex data patterns with unprecedented accuracy and speed.

AI-powered decision-making systems are now widely implemented across sectors such as healthcare, finance, and education to optimize performance. In the medical field, AI assists physicians by detecting diseases through advanced image recognition technology, leading to earlier diagnoses and more effective treatments. Financial institutions leverage AI-driven analytics and predictive models to assess risks, prevent fraudulent activities, and enhance investment strategies. Autonomous vehicles integrate AI-based navigation systems, sensor technology, and real-time decision-making algorithms to operate safely and efficiently in complex environments. AI-driven chatbots and virtual assistants have revolutionized customer service by responding to inquiries with human-like interactions and minimizing response time.

Despite these advantages, the rise of AI has triggered ethical concerns regarding data privacy, algorithmic bias, and the displacement of human workers. The vast collection and analysis of personal data by AI-powered systems have raised serious questions about digital security and user consent. If not properly addressed, inherent biases in AI models may reinforce systemic discrimination and social inequalities. The automation of routine tasks has led to significant workforce displacement, raising concerns about long-term employment stability and economic disparity.

As AI continues to evolve, it is crucial to strike a balance between technological progress and the protection of fundamental human values. Expanding access to AI education and reskilling programs will help individuals and industries adapt to the inevitable transformations in the job market. The future of AI depends on humanity's ability to guide its development in a way that maximizes benefits while minimizing risks.

- The rapid advancement of artificial intelligence (AI) / has significantly altered various industries / by introducing automation, improving efficiency, and reshaping traditional workflows.
(인공지능 (AI)의 급속한 발전은 / 다양한 산업을 크게 변화시켰다 / 자동화 도입, 효율성 향상, 그리고 전통적 업무방식의 재편을 통해)
- Sophisticated machine learning algorithms / have enabled AI to analyze and interpret complex data patterns / with unprecedented accuracy and speed.
(정교한 기계 학습 알고리즘은 / AI가 복잡한 데이터 패턴을 분석하고 해석할 수 있도록 했다 / 전례 없는 수준의 정확성과 속도로)

- AI-powered decision-making systems are now widely implemented / across sectors such as healthcare, finance, and education / to optimize performance.
(AI 기반 의사결정 시스템은 이제 널리 활용되고 있다 / 의료, 금융, 교육과 같은 다양한 분야에서 / 성과를 최적화하기 위해)
- In the medical field, AI assists physicians / by detecting diseases through advanced image recognition technology, / leading to earlier diagnoses and more effective treatments.
(의료 분야에서는 AI가 의사를 돕고 있다 / 첨단 이미지 인식 기술을 통해 질병을 감지함으로써 / 이는 조기 진단과 보다 효과적인 치료로 이어지고 있다)

- Financial institutions leverage AI-driven analytics and predictive models / to assess risks, prevent fraudulent activities, and enhance investment strategies.
(금융 기관들은 AI 기반 분석 및 예측 모델을 활용하고 있다 / 위험을 평가하고, 사기 행위를 방지하며, 투자 전략을 강화하기 위해)
- Autonomous vehicles integrate / AI-based navigation systems, sensor technology, and real-time decision-making algorithms / to operate safely and efficiently in complex environments.
(자율주행 차량은 통합한다 / AI 기반 내비게이션 시스템, 센서 기술, 실시간 의사결정 알고리즘을 / 복잡한 환경에서도 안전하고 효율적으로 작동할 수 있도록)
- AI-driven chatbots and virtual assistants have revolutionized customer service / by responding to inquiries with human-like interactions and minimizing response time.
(AI 기반 챗봇과 가상 비서는 고객 서비스를 혁신적으로 변화시켰다 / 인간과 유사한 상호작용을 통해 문의 사항에 응답하며, 응답 시간을 최소화함으로써)

- Despite these advantages, the rise of AI has triggered ethical concerns / regarding data privacy, algorithmic bias, and the displacement of human workers.
(이러한 장점에도 불구하고, AI의 부상은 윤리적 우려를 불러일으키고 있다 / 데이터 프라이버시, 알고리즘 편향성, 인간 노동력의 대체와 관련하여)
- The vast collection and analysis of personal data by AI-powered systems / have raised serious questions / about digital security and user consent.
(AI 기반 시스템이 수행하는 방대한 개인 데이터의 수집 및 분석은 / 심각한 문제를 야기하고 있다 / 디지털 보안과 사용자 동의에 대한)
- If not properly addressed, / inherent biases in AI models may reinforce systemic discrimination and social inequalities.
(적절한 조치가 취해지지 않는다면, / AI 모델에 내재된 편향성이 구조적 차별과 사회적 불평등을 더욱 강화할 수 있다)
- The automation of routine tasks has led to significant workforce displacement, / raising concerns / about long-term employment stability and economic disparity.
(반복적인 업무의 자동화는 상당한 노동력 대체를 초래하였으며 / 우려를 불러일으키고 있다 / 장기적인 고용 안정성과 경제적 격차에 대한)

- As AI continues to evolve, / it is crucial to strike a balance / between technological progress and the protection of fundamental human values.
(AI가 지속적으로 발전함에 따라 / 균형을 유지하는 것이 매우 중요하다 / 기술적 진보와 근본적인 인간 가치를 보호하는 것 사이에서)
- Expanding access to AI education and reskilling programs / will help individuals and industries adapt / to the inevitable transformations in the job market.
(AI 교육과 재교육 프로그램에 대한 접근성을 확대하는 것은 / 개인과 산업이 적응하는 데 도움이 될 것이다 / 노동 시장의 불가피한 변화에)
- The future of AI depends on humanity's ability to guide its development / in a way that maximizes benefits while minimizing risks.
(AI의 미래는 그 발전을 이끌어갈 수 있는 인류의 능력에 달려 있다 / 혜택을 극대화하면서도 위험을 최소화하는 방향으로)

Cultural Tapestry: Traditions, Identity, and Global Exchange

Cultural traditions, which have been shaped by history, geography, and human interactions, serve as a foundation for societal values, customs, and collective identity. Language, as a fundamental aspect of culture, not only facilitates communication but also reflects a society's worldview and historical experiences. Art, music, and literature have long been mediums through which cultures express emotions, beliefs, and values. Cultural heritage, which includes tangible artifacts and intangible traditions, plays a crucial role in preserving historical narratives and fostering a sense of belonging.

Over time, globalization has facilitated cultural exchanges, allowing diverse traditions to interact and evolve. While cultural exchange fosters understanding and appreciation, it can also lead to concerns about cultural appropriation and the loss of indigenous traditions. Technology, particularly social media, has accelerated the spread of cultural trends, shaping global perceptions and consumer behavior. Cultural identity, which is often shaped by national heritage and traditions, can be challenged by modernization and external influences.

Despite these challenges, many societies actively work to preserve their linguistic and cultural traditions through education and policy initiatives. Festivals and rituals, which are central to cultural practices, provide opportunites for communities to celebrate their heritage and reinforce social bonds. Intercultural interactions, whether through travel, trade, or diplomacy, have historically contributed to the enrichment of civilizations. However, cultural misunderstandings can arise when differing beliefs and practices are viewed through an ethnocentric lens.

As societies become increasingly interconnected, the balance between cultural preservation and adaptation remains a crucial issue. Educational institutions and media play a significant role in shaping cultural awareness and promoting cross-cultural understanding. Cultural diversity, when embraced, fosters creativity, innovation, and social cohesion within communities. The future of cultural development will depend on humanity's ability to respect traditions while embracing change and diversity.

- Cultural traditions, / which have been shaped by history, geography, and human interactions, / serve as a foundation / for societal values, customs, and collective identity.
(문화적 전통은 / 역사, 지리, 인간 상호작용에 의해 형성되었으며 / 기초 역할을 한다 / 사회적 가치, 관습, 집단 정체성의)
- Language, as a fundamental aspect of culture, / not only facilitates communication but also reflects a society's worldview and historical experiences.
(언어는 문화의 근본적인 요소로서 / 의사소통을 가능하게 할 뿐만 아니라 사회의 세계관과 역사적 경험을 반영한다)
- Art, music, and literature have long been mediums / through which cultures express emotions, beliefs, and values.
(예술, 음악, 문학은 오랫동안 매체로 기능해왔으며 / 이러한 매체들을 통해 문화는 감정, 신념, 가치를 표현한다)
- Cultural heritage, / which includes tangible artifacts and intangible traditions, / plays a crucial role / in preserving historical narratives / and fostering a sense of belonging.
(문화유산은 / 유형 유산과 무형 전통을 포함하며 / 중요한 역할을 한다 / 역사적 서사를 보존하고 / 소속감을 형성하는데)

- Over time, globalization has facilitated cultural exchanges, / allowing diverse traditions to interact and evolve.
(시간이 지나면서 세계화는 문화 교류를 촉진하여 / 다양한 전통이 상호 작용하고 발전할 수 있도록 했다)
- While cultural exchange fosters understanding and appreciation, / it can also lead to concerns / about cultural appropriation and the loss of indigenous traditions.
(문화 교류는 이해와 존중을 증진하지만 / 우려를 초래할 수도 있다 / 문화적 도용과 고유 전통의 소멸에 대한)
- Technology, particularly social media, has accelerated the spread of cultural trends, / shaping global perceptions and consumer behavior.
(기술, 특히 소셜 미디어는 문화적 트렌드의 확산을 가속화하여 / 세계적인 인식과 소비자 행동을 형성했다)
- Cultural identity, / which is often shaped by national heritage and traditions, / can be challenged / by modernization and external influences.
(문화적 정체성은 / 종종 국가 유산과 전통에 의해 형성되며 / 도전에 직면할 수 있다 / 현대화와 외부 영향으로 인해)

- Despite these challenges, many societies actively work / to preserve their linguistic and cultural traditions / through education and policy initiatives.
(이러한 도전에도 불구하고, 많은 사회는 적극적으로 노력하고 있다 / 언어와 문화적 전통을 보존하기 위해 / 교육과 정책적 노력을 통해)
- Festivals and rituals, which are central to cultural practices, / provide opportunities / for communities to celebrate their heritage and reinforce social bonds.
(축제와 의식은 문화적 실천의 중심이며 / 기회를 제공한다 / 공동체가 자신들의 유산을 기념하고 사회적 유대를 강화할 수 있는)
- Intercultural interactions, whether through travel, trade, or diplomacy, / have historically contributed to the enrichment of civilizations.
(문화 간 상호작용은 여행이나 무역 또는 외교를 통하든지 간에 / 역사적으로 문명의 풍요로움을 증진하는데 기여해왔다)
- However, cultural misunderstandings can arise / when differing beliefs and practices are viewed through an ethnocentric lens.
(하지만, 문화적 오해가 발생할 수 있다 / 서로 다른 신념과 관습이 자기 민족 중심적인 시각을 통해 보여질 때)

- As societies become increasingly interconnected, / the balance between cultural preservation and adaptation / remains a crucial issue.
(사회가 점점 더 상호 연결됨에 따라 / 문화 보존과 적응 간의 균형이 / 중요한 문제로 남아 있다)
- Educational institutions and media play a significant role / in shaping cultural awareness and promoting cross-cultural understanding.
(교육 기관과 미디어는 중요한 역할을 한다 / 문화적 인식을 형성하고 문화 간 이해를 증진하는데)
- Cultural diversity, when embraced, / fosters creativity, innovation, and social cohesion within communities.
(문화적 다양성은 수용될 때 / 공동체 내에서 창의성, 혁신, 사회적 결속을 증진한다)
- The future of cultural development will depend on humanity's ability / to respect traditions while embracing change and diversity.
(문화 발전의 미래는 인류의 능력에 의존하게 될 것이다 / 변화와 다양성을 포용하면서도 전통을 존중하는)

The Education Equilibrium: Balancing Excellence, Access, and Equality

Education, which constitutes the bedrock of societal advancement, endows individuals with the intellectual and technical competencies essential for both personal fulfillment and professional success. Formal education systems, encompassing primary, secondary, and tertiary institutions, facilitate structured intellectual engagement that cultivates analytical reasoning and cognitive dexterity. Literacy and numeracy, which underpin educational development, empower individuals to navigate the intricacies of modern societies and engage meaningfully in economic and civic life. Beyond academic instruction, educational institutions play a pivotal role in fostering interpersonal skills, moral discernment, and civic consciousness. Higher education, which provides domain-specific expertise and advanced scholarly training, equips students with the capacity to contribute to research, innovation, and global economic development.

Technological advancements have revolutionized pedagogical methodologies by integrating digital learning platforms and interactive multimedia resources.

E-learning, which grants students unprecedented access to educational materials, has expanded learning opportunities while also exacerbating disparities in digital proficiency and technological accessibility. Educational inequality, which remains entrenched across socioeconomic strata, perpetuates systemic disparities by restricting access to quality instruction and academic resources. Governments and international organizations endeavor to implement policies that guarantee equitable access to high-caliber education irrespective of financial standing.

Standardized assessments, which serve as a prevalent metric for academic evaluation, have ignited discourse regarding their efficacy in holistically gauging student potential and aptitude. Personalized learning, which adapts educational content to individual aptitudes and preferences, has emerged as a progressive alternative to conventional didactic methodologies.

As education undergoes perpetual transformation, ensuring that advancements align with principles of equity and accessibility remains a fundamental imperative for global societies.

- Education, which constitutes the bedrock of societal advancement, / endows individuals with the intellectual and technical <u>competencies</u> / <u>essential for both personal fulfillment and professional success</u>.
(교육은 사회 발전의 근간을 이루며 / 개인이 지적·기술적 <u>역량</u>을 갖추도록 한다 / <u>자기실현과 직업적 성공에 필수적인</u>)
- Formal education systems, encompassing primary, secondary, and tertiary institutions, / facilitate structured intellectual <u>engagement</u> / that <u>cultivates analytical reasoning and cognitive dexterity</u>.
(공식적인 교육 체계는 초등, 중등, 고등 교육 기관을 포함하며 / 체계적인 지적 <u>관여</u>를 가능하게 한다 / <u>분석적 사고와 인지적 유연성을 배양하는</u>)
- Literacy and numeracy, which underpin educational development, / empower individuals / to navigate the intricacies of modern societies / and engage meaningfully in economic and civic life.
(문해력과 수리력은 교육 발전을 뒷받침하며 / 개인에게 부여한다 / 현대 사회의 복잡성을 헤쳐 나가고 / 경제 및 시민 활동에 의미 있게 참여할 수 있도록)

- Beyond academic instruction, educational institutions play a pvotal role / in fostering interpersonal skills, moral discernment, and civic consciousness.
(학문적 교육을 넘어서, 교육 기관은 중추적인 역할을 한다 / 대인 관계 기술, 도덕적 분별력, 시민 의식을 함양하는데)
- Higher education, which provides domain-specific expertise and advanced scholarly training, / equips students with the capacity / to contribute to research, innovation, and global economic development.
(고등교육은 전문 분야의 지식과 심화된 학문적 훈련을 제공하며 / 학생들이 역량을 갖추도록 한다 / 연구, 혁신, 세계 경제 발전에 기여할 수 있는)

- Technological advancements have revolutionized pedagogical methodologies / by integrating digital learning platforms and interactive multimedia resources.
(기술 혁신은 교수법을 획기적으로 변화시켰다 / 디지털 학습 플랫폼과 대화형 멀티미디어 자료를 교육에 통합시킴으로써)

- E-learning, which grants students unprecedented access to educational materials, / has expanded learning opportunities / while also exacerbating disparities / in digital proficiency and technological accessibility.
(이러닝은 학생들에게 교육 자료에 대한 전례 없는 접근성을 제공하며, / 학습 기회를 확대했지만 / 동시에 격차를 심화시켰다 / 디지털 역량과 기술 접근성의)

- Educational inequality, which remains entrenched across socioeconomic strata, / perpetuates systemic disparities / by restricting access to quality instruction and academic resources.
(교육 불평등은 사회경제적 계층 전반에 걸쳐 단단히 자리 잡고 있으며, / 구조적 격차를 영구화시킨다 / 양질의 교육과 학문적 자원에 대한 접근을 제한함으로써)

- Governments and international organizations endeavor to implement policies / that guarantee equitable access to high-caliber education / irrespective of financial standing.
(정부와 국제기구는 정책을 시행하기 위해 노력한다 / 고품질 교육에 대한 공평한 접근을 보장하는 / 경제적 지위와 관계없이)

- Standardized assessments, which serve as a prevalent metric for academic evaluation, / have ignited discourse regarding their efficacy / in holistically gauging student potential and aptitude.
(표준화된 시험은 학업 성취도를 평가하는 보편적인 척도로 활용되는데 / 그 효과성에 관해 논쟁을 촉발했다 / 학생들의 잠재력과 역량을 총체적으로 측정하는 데 있어)

- Personalized learning, which adapts educational content to individual aptitudes and preferences, / has emerged as a progressive alternative / to conventional didactic methodologies.
(맞춤형 학습은 개인의 적성과 선호도에 맞춰 교육 내용을 조정하며 / 진보적인 대안으로 부상했다 / 전통적인 주입식 교육 방식에 대한)

- As education undergoes perpetual transformation, / ensuring that advancements align with principles of equity and accessibility / remains a fundamental imperative for global societies.
(교육이 끊임없이 변화하는 가운데 / 발전이 형평성과 접근성의 원칙과 조화를 이루도록 보장하는 것은 / 세계 사회의 근본적인 과제로 남아 있다)

A Planet at Risk: Human Impact and the Urgency of Environmental Action

Human activities have significantly altered the Earth's ecosystems, leading to widespread environmental challenges that threaten both nature and human societies. Deforestation, driven by agriculture, urban expansion, and logging, has led to habitat destruction, biodiversity loss, and increased carbon emissions. As forests disappear, the planet loses its ability to absorb carbon dioxide, accelerating climate change and disrupting global weather patterns. Rising global temperatures have intensified heatwaves, droughts, and hurricanes, placing millions of lives at risk and destabilizing entire regions. Melting glaciers and polar ice caps have contributed to rising sea levels, endangering coastal cities and small island nations. Water scarcity, once a concern only in arid regions, has become a global issue as pollution, overuse, and climate shifts strain freshwater supplies. Industrial and agricultural pollution have contaminated rivers, lakes, and oceans, disrupting marine ecosystems and threatening food security. Plastic waste has accumulated in the world's oceans, creating vast garbage patches that harm marine life and enter the food chain. Overfishing has depleted fish populations, disrupting delicate ecological balances and threatening the livelihoods of coastal communities. Air pollution, caused by fossil fuel combustion and industrial emissions, has led to respiratory diseases and premature deaths in densely populated areas.

Despite these challenges, efforts to combat environmental degradation have gained momentum through international agreements and scientific innovation. Renewable energy sources such as solar and wind power offer cleaner alternatives to fossil fuels, reducing greenhouse gas emissions. Advances in technology have improved waste management and conservation efforts, promoting sustainable practices across industries. Countries are increasingly prioritizing climate action, yet significant political and economic obstacles remain in the path toward sustainability.

The future of the planet depends on the collective efforts of individuals, businesses, and governments to balance economic growth with environmental responsibility. A world that embraces sustainable practices today will secure a healthier, more resilient environment for future generations.

- Human activities have significantly altered the Earth's ecosystems, / leading to widespread environmental challenges / that threaten both nature and human societies.
(인간의 활동은 지구 생태계를 크게 변화시켜 / 다양한 환경적 도전을 초래했다 / 자연과 인류 사회를 위협하는)
- Deforestation, driven by agriculture, urban expansion, and logging, has led / to habitat destruction, biodiversity loss, and increased carbon emissions.
(농업, 도시 확장, 벌목으로 인한 산림 파괴는 초래했다 / 서식지 파괴, 생물 다양성 손실, 탄소배출 증가를)
- As forests disappear, / the planet loses its ability to absorb carbon dioxide, / accelerating climate change and disrupting global weather patterns.
(산림이 사라짐에 따라 / 지구는 이산화탄소를 흡수하는 능력을 상실하여 / 기후 변화를 가속하고 세계 기상 패턴에 지장을 주고 있다)
- Rising global temperatures have intensified heatwaves, droughts, and hurricanes, / placing millions of lives at risk and destabilizing entire regions.
(지구온난화는 폭염, 가뭄, 허리케인을 심화시켜 / 수많은 생명을 위험에 처하게 했고 모든 지역을 불안정하게 만들었다)

- Melting glaciers and polar ice caps have contributed to rising sea levels, / endangering coastal cities and small island nations.
(빙하와 극지방의 얼음이 녹으면서 해수면이 상승하여 / 해안 도시와 작은 섬나라들이 위기에 처했다)
- Water scarcity, once a concern only in arid regions, / has become a global issue / as pollution, overuse, and climate shifts strain freshwater supplies.
(물 부족은 한때 건조 지역에서만의 고민거리였지만 / 전 세계적인 문제가 되었다 / 오염, 과도한 사용, 기후 변화가 물의 공급을 한계에 이르게 하면서)
- Industrial and agricultural pollution have contaminated rivers, lakes, and oceans, / disrupting marine ecosystems and threatening food security.
(산업과 농업에서 발생한 오염물질이 강, 호수, 바다를 오염시키며 / 해양 생태계를 교란하고 식량 안보를 위협하고 있다)
- Plastic waste has accumulated in the world's oceans, / creating vast garbage patches / that harm marine life and enter the food chain.
(플라스틱 폐기물이 전 세계 바다에 쌓여 / 거대한 쓰레기 지대를 형성하고 있으며 / 해양 생물을 해치고 먹이 사슬에 침투하고 있다)

- Overfishing has depleted fish populations, / disrupting delicate ecological balances / and threatening the livelihoods of coastal communities.
(과도한 어획은 어류 개체 수를 고갈시켰고 / 섬세한 생태 균형을 무너뜨리고 / 해안 지역 주민들의 생계를 위협하고 있다)
- Air pollution, caused by fossil fuel combustion and industrial emissions, / has led to respiratory diseases and premature deaths / in densely populated areas.
(대기오염은 화석 연료 연소와 산업 배출가스에 기인하며 / 호흡기 질환과 조기 사망을 초래했다 / 인구 밀집 지역에서)

- Despite these challenges, efforts to combat environmental degradation have gained momentum / through international agreements and scientific innovation.
(이러한 문제에도 불구하고, 환경 파괴를 막기 위한 노력은 모멘텀을 확보했다 / 국제 협약과 과학적 혁신을 통해)
- Renewable energy sources such as solar and wind power / offer cleaner alternatives to fossil fuels, / reducing greenhouse gas emissions.
(태양광과 풍력 같은 재생 가능 에너지는 / 화석 연료를 대체할 더 깨끗한 대안을 제공하며 / 온실가스 배출을 줄이고 있다)

- Advances in technology have improved waste management and conservation efforts, / promoting sustainable practices across industries.
(기술 발전은 폐기물 관리와 자원 보전 노력을 향상시켜 / 다양한 산업에서 지속 가능한 방식을 촉진시키고 있다)
- Countries are increasingly prioritizing climate action, / yet significant political and economic obstacles remain / in the path toward sustainability.
(각국이 기후 대응을 점점 더 우선시하고 있지만 / 여전히 큰 정치적·경제적 장벽이 남아 있다 / 지속 가능성을 향한 길에는)

- The future of the planet depends on the collective efforts of individuals, businesses, and governments / to balance economic growth with environmental responsibility.
(지구의 미래는 개인, 기업, 정부의 공동 노력에 달려 있다 / 경제 성장과 환경적 책임의 균형을 맞추기 위한)
- A world that embraces sustainable practices today / will secure / a healthier, more resilient environment for future generations.
(오늘날 지속 가능한 방식을 받아들이는 세계는 / 보장할 것이다 / 미래 세대에게 더 건강하고 회복력 있는 환경을)

Humans as a Geological Force: The Rise of the Anthropocene

Scientists argue that Earth has entered a new geological epoch, one defined by the profound influence of human activity: the Anthropocene. Unlike previous epochs shaped by natural forces, this era is characterized by industrialization, urbanization, and technological advancements. Mass deforestation has altered ecosystems on an unprecedented scale, disrupting biodiversity and accelerating climate change. Rising carbon dioxide levels, primarily from fossil fuel combustion, have led to global warming, extreme weather, and shifting climate patterns. Plastic pollution has left an undeniable mark, with microplastics now found in oceans, soil, and even the human body. Industrial and agricultural activities have significantly altered the nitrogen and phosphorus cycles, leading to soil degradation and water contamination. Urban expansion has transformed landscapes, replacing forests and wetlands with concrete, roads, and skyscrapers. Species extinction rates have accelerated due to habitat destruction, pollution, and climate shifts, threatening global biodiversity. Radioactive materials from nuclear tests and accidents have left long-lasting traces in Earth's sediments, providing geological evidence of human impact.

Some researchers debate whether the Anthropocene should be officially recognized, arguing over when it began and how to define its boundaries. Despite this debate, evidence of humanity's influence on the planet is undeniable, as human activity has altered Earth's atmosphere, oceans, and geology. The recognition of the Anthropocene challenges humanity to acknowledge its role as a dominant geological force and to act responsibly. Education, policy changes, and technological innovations will be essential in shaping a more balanced relationship between humans and nature. Whether the Anthropocene is officially designated as an epoch or not, its effects will be recorded in Earth's history for generations to come.

- Scientists argue that Earth has entered a new geological epoch, / one defined by the profound influence of human activity: the Anthropocene.
(과학자들은 지구가 새로운 지질 시대에 접어들었다고 주장한다 / 그것은 인간 활동이 엄청난 영향을 미친 시대로 정의되는 시대, 즉 인류세이다)
- Unlike previous epochs shaped by natural forces, / this era is characterized / by industrialization, urbanization, and technological advancements.
(자연적 힘에 의해 형성된 과거의 지질 시대와 달리 / 인류세는 특징 지워 진다 / 산업화, 도시화, 기술 발전으로)
- Mass deforestation has altered ecosystems on an unprecedented scale, / disrupting biodiversity and accelerating climate change.
(대규모 산림 벌채는 전례 없는 규모로 생태계를 변화시켰으며, / 생물 다양성에 지장을 주고 기후 변화를 가속화하고 있다)
- Rising carbon dioxide levels, primarily from fossil fuel combustion, / have led / to global warming, extreme weather, and shifting climate patterns.
(이산화탄소 농도증가는 주로 화석 연료 연소에서 기인하며 / 초래했다 / 지구 온난화, 극단적 기후, 그리고 기상 패턴 변화를)

- Plastic pollution has left an undeniable mark, / with microplastics now found in oceans, soil, and even the human body.
(플라스틱 오염은 부인할 수 없는 흔적을 남겼으며 / 이제는 미세 플라스틱이 바다, 토양, 심지어 인간의 몸에서도 발견되고 있다)

- Industrial and agricultural activities have significantly altered the nitrogen and phosphorus cycles, / leading to soil degradation and water contamination.
(산업 및 농업 활동은 질소와 인의 순환을 크게 변화시켜 / 토양 황폐화와 수질 오염을 유발했다)

- Urban expansion has transformed landscapes. / replacing forests and wetlands with concrete, roads, and skyscrapers.
(도시의 확장은 자연경관을 변화시켜 / 숲과 습지를 콘크리트, 도로, 고층 빌딩으로 대체했다)

- Species extinction rates have accelerated / due to habitat destruction, pollution, and climate shifts. / threatening global biodiversity.
(종의 멸종 속도가 빨라졌다 / 서식지 파괴, 오염, 기후 변화로 인해 / 이는 전 세계 생물 다양성을 위협하고 있다)

- Radioactive materials from nuclear tests and accidents / have left long-lasting traces in Earth's sediments, / providing geological evidence of human impact.
(핵 실험과 원전 사고에서 나온 방사성 물질이 / 지층에 오랜 흔적을 남겼으며 / 인간의 영향을 보여주는 지질학적 증거가 되고 있다)

- Some researchers debate whether the Anthropocene should be officially recognized, / arguing over when it began and how to define its boundaries.
(일부 연구자들은 인류세를 공식적인 지질 시대로 인정해야 하는지 논쟁하고 있는데 / 그 시작 시점과 경계를 설정하는 방식에 대해 의견이 엇갈린다)

- Despite this debate, evidence of humanity's influence on the planet / is undeniable, / as human activity has altered Earth's atmosphere, oceans, and geology.
(이러한 논쟁에도 불구하고, 지구에 대한 인류 영향의 증거는 / 부정할 수 없다 / 인간 활동이 지구의 대기, 해양, 지질을 변화시켰기 때문에)

- The recognition of the Anthropocene challenges humanity / to acknowledge its role as a dominant geological force / and to act responsibly.
(인류세의 인식은 인류에게 요구한다 / 지구에 영향을 미치는 지배적인 힘으로서의 역할을 인정하고 / 책임감 있게 행동할 것을)

- Education, policy changes, and technological innovations will be essential / in shaping a more balanced relationship between humans and nature.
(교육, 정책 변화, 기술 혁신은 필수적일 것이다 / 인간과 자연의 보다 균형 잡힌 관계를 형성하는데)
- Whether the Anthropocene is officially designated as an epoch or not, / its effects will be recorded / in Earth's history for generations to come.
(인류세가 공식적인 지질 시대로 지정되든 아니든 / 그 영향은 기록될 것이다 / 앞으로도 지구의 역사에)

Beyond Aesthetics: Art's Role in History, Society, and Change

Throughout history, art has served as both a reflection of society and a catalyst for change. Whether through paintings, music, literature, or architecture, artistic expression has shaped cultures, challenged norms, and captured the essence of the human experience. Consider the Renaissance, a period when art flourished alongside scientific and philosophical advancements. The works of Leonardo da Vinci and Michelangelo did not merely showcase technical mastery but also embodied a renewed emphasis on human potential and intellectual curiosity. Art is not confined to galleries or museums; it permeates everyday life, shaping the way we perceive the world. The buildings we live in, the music we listen to, and the films we watch all bear the marks of artistic vision and creativity. While some artistic movements have sought to capture realism, others have deliberately distorted reality to evoke emotion or provoke thought. The abstract works of Picasso, for example, challenge conventional representation by depicting fragmented perspectives that require active interpretation from the viewer.

Art is also a powerful tool for social commentary. Writers like George Orwell used literature to critique political oppression, just as street artists today transform urban landscapes into canvases for activism. Music, too, has long played a role in shaping cultural identity and resistance. From the spirituals sung by enslaved people to the protest songs of the 1960s, melodies have carried messages of hope, defiance, and unity. Technology has further transformed the artistic landscape, enabling digital artists, filmmakers, and musicians to push creative boundaries. Virtual reality exhibitions, AI-generated compositions, and interactive installations demonstrate how modern innovation and artistic vision are becoming increasingly intertwined. Despite its evolution, the fundamental purpose of art remains unchanged: to provoke thought, stir emotion, and communicate across boundaries. In an era of rapid change, art continues to remind us of our shared humanity, transcending time, place, and language.

- Throughout history, art has served / as both a reflection of society and a catalyst for change.
(역사를 통틀어 예술은 역할을 해왔다 / 사회를 반영하는 동시에 변화를 촉진하는)
- Whether through paintings, music, literature, or architecture, / artistic expression has shaped cultures, challenged norms, / and captured the essence of the human experience.
(회화, 음악, 문학, 건축을 막론하고 / 예술적 표현은 문화를 형성하고, 규범에 도전하며, / 인간 경험의 본질을 담아왔다)
- Consider the Renaissance, / a period when art flourished alongside scientific and philosophical advancements.
(르네상스를 떠올려 보라 / 그 시기에는 예술이 과학과 철학의 발전과 함께 번성했다)
- The works of Leonardo da Vinci and Michelangelo / did not merely showcase technical mastery but also embodied a renewed emphasis / on human potential and intellectual curiosity.
(레오나르도 다빈치와 미켈란젤로의 작품들은 / 단순히 기술적 완성도를 보여주는 것이 아니라 새로운 강조를 담고 있었다 / 인간의 잠재력과 지적 호기심에 대한)

- Art is not confined to galleries or museums; / it permeates everyday life, / shaping the way / we perceive the world.
(예술은 미술관이나 박물관에 한정되는 것이 아니다 / 그것은 우리의 일상에 스며들어 / 방식을 형성한다 / 우리가 세상을 인식하는)
- The buildings we live in, the music we listen to, and the films we watch / all bear the marks of artistic vision and creativity.
(우리가 사는 건축물, 듣는 음악, 그리고 감상하는 영화까지 / 모두 예술적 비전과 창의성의 흔적을 지니고 있다)
- While some artistic movements have sought to capture realism, / others have deliberately distorted reality / to evoke emotion or provoke thought.
(일부 예술 운동이 사실적인 묘사를 추구한 반면, / 다른 것들은 의도적으로 현실을 왜곡했다 / 감정을 불러일으키거나 사고를 유도하기 위해)
- The abstract works of Picasso, for example, / challenge conventional representation / by depicting f ragmented perspectives / that require active interpretation from the viewer.
(예를 들어, 피카소의 추상화는 / 전통적인 표현 방식에 도전한다 / 분절된 시각을 묘사함으로써 / 관객에게 능동적 해석을 요구하는[*])

[*] 영어식으로 생각하면 '그런데 분절된 시각이 어떤 시각이냐면 관객에게 능동적 해석을 요구하는 그런 시각' 느낌에 가깝다고 할 수 있다.

- Art is also a powerful tool for social commentary.
(예술은 사회적 비판의 강력한 도구이기도 하다)
- Writers like George Orwell used literature to critique political oppression, / just as street artists today transform urban landscapes into canvases for activism.
(조지 오웰과 같은 작가는 정치적 억압을 비판하기 위해 문학을 활용했다 / 마치 오늘날 거리 예술가들이 도시 풍경을 사회 운동의 캔버스로 변화시키고 있는 것처럼)
- Music, too, has long played a role / in shaping cultural identity and resistance.
(음악 또한 오랫동안 역할을 해왔다 / 문화적 정체성과 저항을 형성하는데)
- From the spirituals sung by enslaved people to the protest songs of the 1960s, / melodies have carried messages of hope, defiance, and unity.
(노예들이 부른 영가에서 1960년대의 저항 가요에 이르기까지, / 멜로디는 희망, 반항, 연대의 메시지를 담아왔다)
- Technology has further transformed the artistic landscape, / enabling digital artists, filmmakers, and musicians to push creative boundaries.
(기술은 예술의 지형을 더욱 변화시키며 / 디지털 아티스트, 영화 제작자, 음악가들이 창작의 한계를 확장할 수 있도록 해주었다)

- Virtual reality exhibitions, AI-generated compositions, and interactive installations demonstrate / how modern innovation and artistic vision are becoming increasingly intertwined.
(가상 현실 전시, 인공지능이 생성한 작곡, 인터랙티브 설치 미술은 보여준다 / 현대의 혁신과 예술적 비전이 어떻게 점점 더 긴밀하게 얽혀가고 있는지를)
- Despite its evolution, the fundamental purpose of art remains unchanged: / to provoke thought, stir emotion, and communicate across boundaries.
(변화를 거듭해 왔지만, 예술의 본질적인 목적은 여전히 같다 / 그것은 사고를 자극하고, 감정을 일깨우며, 경계를 넘어 소통하는 것이다)
- In an era of rapid change, art continues to remind us of our shared humanity, / transcending time, place, and language.
(급변하는 시대 속에서, 예술은 우리가 공유하는 인간성을 상기시키며 / 시간과 장소 언어를 초월하고 있다)

Blurring Boundaries: Where Technology Meets Immersive Art

Immersive art has undergone a profound transformation, evolving from experimental installations into a dominant force in contemporary artistic expression. Unlike conventional static artworks, immersive experiences dissolve the boundary between artist and audience, fostering direct participation and engagement. Historically, immersive art traces its origins to movements such as Surrealism and Abstract Expressionism, both of which sought to evoke visceral emotional and psychological responses. However, the digital revolution — particularly advancements in artificial intelligence — has dramatically expanded the possibilities of immersive artistic creation. AI-driven generative art enables real-time adaptation, allowing installations to respond dynamically to audience behavior and environmental stimuli. Deep learning algorithms power interactive exhibitions that continuously evolve based on user input, making each experience uniquely individualized. Projection mapping, augmented reality (AR), and virtual reality (VR) have further blurred the distinction between physical and digital spaces. Museums and cultural institutions have responded to these innovations by integrating AI-powered installations to enhance audience engagement and accessibility.

Beyond the art world, immersive technology has found applications in diverse fields, including education, mental health, and corporate branding. AI-assisted immersive environments have been implemented in hospitals to reduce anxiety and promote emotional well-being among patients. In the corporate sector, brands are leveraging AI-driven installations to create memorable consumer experiences that go beyond traditional advertising.

However, the rapid expansion of immersive art has sparked debates about commercialization, raising concerns that spectacle is being prioritized over artistic substance. Nevertheless, immersive art continues to push creative boundaries, offering new possibilities for storytelling, audience interaction, and technological integration.

As artificial intelligence becomes more sophisticated, the intersection of machine intelligence and artistic expression will further reshape the creative landscape. No longer confined to museums or galleries, immersive art is permeating public spaces, digital platforms, and virtual worlds, redefining how people engage with creativity.

- Immersive art has undergone a profound transformation, / evolving from experimental installations into a dominant force in contemporary artistic expression.
(몰입형 예술은 심오한 변화를 거치며, / 실험적 설치 미술에서 현대 예술적 표현의 주류로 발전했다)
- Unlike conventional static artworks, immersive experiences dissolve the boundary between artist and audience, / fostering direct participation and engagement.
(전통적인 정적인 예술 작품과 달리, 몰입형 경험은 예술가와 관객의 경계를 허물며, / 직접적인 참여를 조성한다)
- Historically, immersive art traces its origins to movements such as Surrealism and Abstract Expressionism, / both of which sought to evoke visceral emotional and psychological responses.
(역사적으로, 몰입형 예술의 기원은 초현실주의와 추상 표현주의와 같은 운동으로 거슬러 올라가며, / 이들은 강렬한 감정적·심리적 반응을 불러일으키고자 했다)
- However, the digital revolution — particularly advancements in artificial intelligence — / has dramatically expanded / the possibilities of immersive artistic creation.
(그러나 디지털 혁명, 특히 인공지능 기술의 발전은 / 획기적으로 넓혔다 / 몰입형 예술 창작의 가능성을)

- AI-driven generative art enables real-time adaptation, / allowing installations to respond dynamically / to audience behavior and environmental stimuli.
(AI 기반 생성 예술은 실시간 적응을 가능하게 하며, / 전시가 역동적으로 반응할 수 있도록 한다 / 관객의 행동이나 주위 환경의 자극에)
- Deep learning algorithms power interactive exhibitions / that continuously evolve based on user input, / making each experience uniquely individualized.
(딥러닝 알고리즘은 인터랙티브 전시를 가능하게 한다 / 사용자 입력에 따라 끊임없이 진화하는 / 그 결과 각 관객이 경험하는 내용이 특별하게 개인화된다)
- Projection mapping, augmented reality (AR), and virtual reality (VR), / have further blurred the distinction between physical and digital spaces.
(프로젝션 매핑, 증강 현실 (AR), 가상 현실 (VR) 기술은 / 물리적 공간과 디지털 공간 간의 경계를 더욱 흐려놓았다)
- Museums and cultural institutions have responded to these innovations / by integrating AI-powered installations / to enhance audience engagement and accessibility.
(박물관과 문화 기관들은 이러한 혁신에 대응해왔다 / AI 기반 전시를 도입함으로써 / 관객 참여도를 높이고 접근성을 향상시키기 위해)

- Beyond the art world, immersive technology has found applications in diverse fields, / including education, mental health, and corporate branding.
(예술계를 넘어, 몰입형 기술은 다양한 분야에서 활용되고 있다 / 교육, 정신 건강, 기업 브랜딩을 포함한)
- AI-assisted immersive environments have been implemented in hospitals / to reduce anxiety and promote emotional well-being among patients.
(AI 기반 몰입형 환경은 병원에서 활용되고 있다 / 환자의 불안을 줄이고 정서적 안정을 촉진하기 위해)
- In the corporate sector, brands are leveraging AI-driven installations / to create memorable consumer experiences / that go beyond traditional advertising.
(기업 부문에서, 브랜드는 AI 기반 전시를 활용하고 있다 / 인상적인 소비자 경험을 창출하기 위해 / 기존 광고의 한계를 뛰어넘는)

- However, the rapid expansion of immersive art has sparked debates about commercialization, / raising concerns / that spectacle is being prioritized over artistic substance.
(그러나, 몰입형 예술의 급속한 확산은 상업화 논쟁을 불러일으켰으며, / 우려를 초래했다 / 화려한 볼거리가 예술적 본질보다 우선시된다는)

- Nevertheless, immersive art continues to push creative boundaries, / offering new possibilities / for storytelling, audience interaction, and technological integration.
(그럼에도 불구하고, 몰입형 예술은 계속해서 창작의 경계를 확장하고 있으며, / 새로운 가능성을 제시하고 있다 / 스토리텔링, 관객 상호작용, 기술 융합의)

- As artificial intelligence becomes more sophisticated, / the intersection of machine intelligence and artistic expression / will further reshape the creative landscape.
(인공지능이 더욱 정교해짐에 따라, / 기계 지능과 예술적 표현의 교차는 / 창작의 풍경을 더욱 변화시킬 것이다)

- No longer confined to museums or galleries, / immersive art is permeating public spaces, digital platforms, and virtual worlds, / redefining how people engage with creativity.
(더 이상 박물관과 갤러리에 한정되지 않고, / 몰입형 예술은 공공장소, 디지털 플랫폼, 가상 세계로 스며들어 / 사람들이 창의성과 교감하는 방식을 새롭게 정의하고 있다)

The Tapestry of Time: Key Transformations in Human History

Human history is a complex tapestry of political, social, and technological transformations that have shaped civilizations over millennia. The rise of agriculture around 10,000 years ago marked a fundamental shift from nomadic hunter-gatherer societies to settled farming communities. With agriculture came surplus food production, which allowed populations to grow and social hierarchies to emerge. The first cities—such as Ur, Mohenjo-Daro, and Thebes—flourished due to advances in irrigation, trade, and governance. Ancient empires, including those of Mesopotamia and Egypt, centralized power under rulers who justified their authority through religion. The Classical Age saw the emergence of democratic principles in Athens; at the same time, Rome built a vast republic that later transformed into an empire. The fall of the Western Roman Empire in 476 CE led to a period of fragmentation in Europe, known as the Middle Ages.

Meanwhile, the Islamic Golden Age—spanning the 8th to 14th centuries—produced groundbreaking advancements in mathematics, medicine, and astronomy. The Renaissance, which began in Italy during the 14th century, revitalized art, science, and humanistic thought across Europe. The Age of Exploration expanded global interactions — European powers established colonies across Africa, Asia, and the Americas. The Enlightenment of the 17th and 18th centuries emphasized reason, individual rights, and the separation of church and state. Revolutions soon followed: the American and French Revolutions reshaped political structures and championed democracy. The Industrial Revolution, driven by mechanization and scientific progress, altered economic systems and accelerated urbanization. The two World Wars in the 20th century devastated nations, but they also led to the creation of international organizations like the United Nations. The Cold War — defined by ideological conflict between the United States and the Soviet Union — influenced global politics for nearly half a century. The digital revolution of the late 20th and early 21st centuries reshaped communication, commerce, and information exchange. While history is often viewed as a series of events, it is ultimately the product of human decisions, innovations, and interactions.

- Human history is a complex tapestry of political, social, and technological transformations / that have shaped civilizations over millennia.
(인류의 역사는 정치적, 사회적, 기술적 변화들의 복잡한 직물과 같다 / 이러한 기술적 변화는 수천 년에 걸쳐 문명을 형성해왔다)
- The rise of agriculture around 10,000 years ago / marked a fundamental shift / from nomadic hunter-gatherer societies to settled farming communities.
(약 1만 년 전 농업의 등장은 / 근본적인 변화를 가져왔다 / 유목 생활을 하던 수렵·채집 사회에서 정착 농경 사회로의)
- With agriculture came surplus food production, / which allowed populations to grow and social hierarchies to emerge.
(농업의 발전으로 잉여 식량이 생산되었고, / 이는 인구 증가와 사회적 계층 구조의 등장을 가능하게 했다)
- The first cities — such as Ur, Mohenjo-Daro, and Thebes — flourished / due to advances in irrigation, trade, and governance.
(우르, 모헨조다로, 테베와 같은 최초의 도시들은 번성했다 / 관개 기술, 무역, 행정의 발전 덕분에)

- Ancient empires, including those of Mesopotamia and Egypt, / centralized power under rulers / who justified their authority through religion.
(메소포타미아와 이집트를 포함하는 고대 제국들은 / 통치자 아래 중앙집권화했다 / 그들은 종교를 통해 그들의 권위를 정당화했다)
- The Classical Age saw the emergence of democratic principles in Athens; / at the same time, Rome built a vast republic / that later transformed into an empire.
(고전 시대에는 아테네에서 민주적 원칙이 등장했고 / 한편 로마는 거대한 공화국을 세웠다 / 그 후 로마는 제국으로 변화했다)
- The fall of the Western Roman Empire in 476 CE / led to a period of fragmentation in Europe, / known as the Middle Ages.
(서기 476년 서로마 제국의 붕괴는 / 유럽에서 분열의 시기로 이어졌다 / 그리고 그 시기는 중세라고 알려져 있다)

- Meanwhile, the Islamic Golden Age — spanning the 8th to 14th centuries — / produced groundbreaking advancements / in mathematics, medicine, and astronomy.
(한편, 8세기부터 14세기까지 이어진 이슬람 황금기는 / 획기적인 발전을 이루었다 / 수학, 의학, 천문학에서)

- The Renaissance, which began in Italy during the 14th century, / revitalized art, science, and humanistic / thought across Europe.
(르네상스는, 14세기 이탈리아에서 시작되었으며, / 예술, 과학, 인문주의 사상을 부흥시켰다 / 유럽 전역에서)
- The Age of Exploration expanded global interactions — / European powers established colonies / across Africa, Asia, and the Americas.
(대항해 시대는 세계적 교류를 확대시켰고 / 유럽 열강들은 식민지를 건설했다 / 아프리카, 아시아, 아메리카를 가로질러)
- The Enlightenment of the 17th and 18th centuries emphasized / reason, individual rights, and the separation of church and state.
(17세기와 18세기의 계몽주의는 강조했다 / 이성, 개인의 권리, 그리고 정교분리를)
- Revolutions soon followed: / the American and French Revolutions reshaped political structures / and championed democracy.
(곧이어 혁명이 일어났다 / 미국과 프랑스 혁명은 정치 체계를 변화시키고 / 민주주의를 옹호했다)
- The Industrial Revolution, driven by mechanization and scientific progress, / altered economic systems and accelerated urbanization.

(산업 혁명은 기계화와 과학 발전에 의해 촉발되었으며 / 경제 구조를 변화시키고 도시화를 가속화했다)

- The two World Wars in the 20th century devastated nations, / but they also led / to the creation of international organizations like the United Nations.

(20세기의 두 차례 세계대전은 국가들을 황폐화시켰으나, / 동시에 이끌었다 / 유엔과 같은 국제기구의 탄생을)

- The Cold War — defined by ideological conflict between the United States and the Soviet Union — / influenced global politics for nearly half a century.

(미국과 소련 간의 이념적 대립으로 특징지어진 냉전은, / 거의 반세기 동안 세계 정치에 영향을 미쳤다)

- The digital revolution of the late 20th and early 21st centuries / reshaped communication, commerce, and information exchange.

(20세기 말과 21세기 초의 디지털 혁명은 / 의사소통, 상업, 그리고 정보 교환의 방식을 변화시켰다)

- While history is often viewed as a series of events, / it is ultimately the product / of human decisions, innovations, and interactions.

(역사는 종종 일련의 사건으로 여겨지지만, / 결국 그것은 산물이다 / 인간의 선택, 혁신, 그리고 상호작용의)

Collective Fictions and Cognitive Revolutions: Unpacking Harari's "Sapiens"

Yuval Noah Harari's "Sapiens: A Brief History of Humankind" explores the origins and development of human civilization, offering a broad perspective on history. The book argues that Homo sapiens became the dominant species not because of physical strength but due to cognitive and social abilities. Harari emphasizes the role of the Cognitive Revolution, which enabled early humans to create myths, cooperate in large groups, and imagine abstract concepts. Unlike other species, humans formed complex societies by sharing common beliefs, such as religions, laws, and economic systems. One of Harari's most striking claims is that money, corporations, and nations exist only as collective fictions that humans agree to believe in.

The Agricultural Revolution, he argues, led to both progress and suffering by increasing food production but also creating social hierarchies. With the rise of empires and organized religions, human societies became more interconnected, leading to cultural and technological advancements. Harari describes the Scientific Revolution as a turning point when humans began to admit their ignorance and seek knowledge through empirical observation. This shift enabled the development of modern science which in turn fueled industrialization, economic growth, and global expansion. Harari also explores capitalism as a system that thrives on credit, innovation, and the endless pursuit of economic growth. He challenges the notion of historical progress, arguing that while human societies have advanced technologically, happiness has not necessarily increased. Harari raises ethical concerns about biotechnology and artificial intelligence, questioning how future innovations will redefine humanity. He warns that Homo sapiens may not remain the dominant species forever, as genetic engineering and AI could give rise to post-human entities.

One of the book's core messages is that human history is shaped not only by material conditions but also by shared narratives and imagined realities. By examining history from a macro perspective, "Sapiens" encourages readers to question conventional wisdom about civilization and human nature. As societies continue to evolve, Harari's insights remain relevant, challenging people to rethink the past, present, and future of humankind.

- Yuval Noah Harari's "Sapiens: A Brief History of Humankind" / explores the origins and development of human civilization, / offering a broad perspective on history.
(유발 하라리의 "사피엔스: 인간의 간략한 역사"는 / 인류 문명의 기원과 발전을 탐구하며 / 역사에 대한 폭넓은 시각을 제공한다)
- The book argues / that Homo sapiens became the dominant species / not because of physical strength but due to cognitive and social abilities.
(이 책은 주장한다 / 호모 사피엔스는 지배적인 종이 되었다고 / 신체적 힘이 아니라 인지적·사회적 능력 덕분에)
- Harari emphasizes the role of <u>the Cognitive Revolution</u>, / which <u>enabled early humans to create myths, cooperate in large groups, and imagine abstract concepts</u>.
(하라리는 <u>인지 혁명의 역할을 강조한다</u> / <u>초기 인류가 신화를 만들고, 대규모로 협력하고, 추상적 개념을 상상하는 것을 가능하게 만든</u>)
- Unlike other species, humans formed complex societies / by sharing common beliefs, / such as religions, laws, and economic systems.
(다른 종과 달리 인간은 복잡한 사회를 형성했다 / 공통된 믿음을 공유함으로써 / 종교, 법, 경제 체계와 같은)

- One of Harari's most striking claims is / that money, corporations, and nations exist / only as <u>collective fictions</u> / that <u>humans agree to believe in</u>.
(하라리의 가장 인상적인 주장 중 하나는 / 돈, 기업, 국가는 존재한다는 것이다 / <u>집단적 허구로서만</u> / <u>인간이 믿기로 동의한</u>)

- The Agricultural Revolution, he argues, led to both progress and suffering / by increasing food production but also creating social hierarchies.
(그는 농업 혁명이 진보와 고통을 함께 초래했다고 주장한다 / 식량 생산을 증가시키는 동시에 사회적 계층을 형성함으로써)

- With the rise of empires and organized religions, / human societies became more interconnected, / leading to cultural and technological advancements.
(제국과 조직화된 종교가 등장하면서 / 인간 사회는 더욱 연결되었고 / 문화적·기술적 발전이 이루어졌다)

- Harari describes the Scientific Revolution as a <u>turning point</u> / when <u>humans began to admit their ignorance and seek knowledge</u> / through empirical observation.
(하라리는 과학 혁명을 <u>전환점</u>으로 묘사한다 / <u>인간이 자신의 무지를 인정하고 지식을 탐구하기 시작한</u> / 경험적 관찰을 통해)

- This shift enabled the development of modern science, / which in turn fueled industrialization, economic growth, and global expansion.
(이러한 변화는 현대 과학의 발전을 가능하게 했으며, / 이는 결국 산업화, 경제 성장, 세계적 확장을 촉진했다)
- Harari also explores capitalism as a system / that thrives on credit, innovation, and the endless pursuit of economic growth.
(하라리는 자본주의 역시 하나의 체제로서 탐구한다 / 신용, 혁신, 끊임없는 경제 성장 추구를 바탕으로 번성하는)
- He challenges the notion of historical progress, / arguing / that while human societies have advanced technologically, / happiness has not necessarily increased.
(그는 역사적 진보라는 개념에 의문을 제기하며, / 주장한다 / 인류 사회가 기술적으로 발전했지만 / 행복이 반드시 증가한 것은 아니라고)
- Harari raises ethical concerns about biotechnology and artificial intelligence, / questioning how future innovations will redefine humanity.
(하라리는 생명공학과 인공지능에 관한 윤리적 문제를 제기하며, / 미래의 혁신이 인간의 개념을 어떻게 재정의할지에 대한 의문을 던진다)

- He warns / that Homo sapiens may not remain the dominant species forever, / as genetic engineering and AI could give rise to post-human entities.
(그는 경고한다 / 호모 사피엔스가 영원히 지배적인 종으로 남지 않을 수도 있다고 / 유전자 조작과 인공지능이 인간을 넘어선 존재를 낳을 수도 있기 때문에)

- One of the book's core messages is / that human history is shaped / not only by material conditions but also by shared narratives and imagined realities.
(이 책의 핵심 메시지 중 하나는 / 인간의 역사는 형성된다는 점이다 / 물질적 조건뿐만 아니라 공유된 이야기와 상상된 현실에 의해)
- By examining history from a macro perspective, / "Sapiens" encourages readers / to question conventional wisdom about civilization and human nature.
(역사를 거시적 관점에서 탐구함으로써, / "사피엔스"는 독자들에게 권장한다 / 문명과 인간 본성에 대한 기존의 통념을 의심하도록)
- As societies continue to evolve, / Harari's insights remain relevant, / challenging people to rethink the past, present, and future of humankind.
(사회가 계속 진화하는 가운데 / 하라리의 통찰은 여전히 유효하며 / 인류의 과거, 현재, 미래를 다시 생각하게 만든다)

From Galileo to CRISPR: Scientific Milestones That Transformed Civilization

Throughout history, scientific discoveries have played a crucial role in shaping human civilization and advancing technological progress. The Scientific Revolution of the 16th and 17th centuries marked a turning point in how humans understood the natural world. Figures like Galileo Galilei and Isaac Newton challenged traditional beliefs and laid the foundation for modern physics and astronomy. The development of the scientific method, based on observation, experimentation, and reasoning, transformed how knowledge was acquired. In the 19th century, Charles Darwin's theory of evolution revolutionized biology by explaining how species adapt and change over time. The discovery of germs by Louis Pasteur and Robert Koch led to breakthroughs in medicine, reducing the spread of infectious diseases. Albert Einstein's theory of relativity in the early 20th century fundamentally altered our understanding of space, time, and gravity. Quantum mechanics, developed by scientists such as Niels Bohr and Werner Heisenberg, challenged classical physics and introduced a probabilistic view of nature. The discovery of

DNA's structure by James Watson and Francis Crick paved the way for modern genetics and biotechnology. Advancements in space exploration, beginning with the moon landing in 1969, expanded humanity's knowledge of the universe.

The rise of artificial intelligence and machine learning is transforming industries, raising ethical and philosophical questions. Climate science, fueled by research on greenhouse gases, has highlighted the urgent need for global action against climate change. Breakthroughs in renewable energy, such as solar and wind power, offer sustainable alternatives to fossil fuels. Advances in nanotechnology and material science are leading to innovations in medicine, electronics, and manufacturing. Genetic engineering and CRISPR technology have opened possibilities for curing genetic disorders and modifying life itself. While scientific discoveries have propelled human progress, they have also introduced ethical dilemmas regarding their application. As science continues to evolve, humanity must navigate both its potential and its risks to ensure a better future.

- Throughout history, scientific discoveries have played a crucial role / in shaping human civilization and advancing technological progress.
(역사적으로 과학적 발견은 중요한 역할을 해왔다 / 인류 문명을 형성하고 기술 발전을 이루는데)
- The Scientific Revolution of the 16th and 17th centuries marked a turning point / in how humans understood the natural world.
(16세기와 17세기의 과학 혁명은 전환점을 가져왔다 / 인간이 자연 세계를 이해하는 방식에서)
- Figures like Galileo Galilei and Isaac Newton challenged traditional beliefs / and laid the foundation for modern physics and astronomy.
(갈릴레오 갈릴레이와 아이작 뉴턴과 같은 인물들은 기존의 신념에 도전하며 / 현대 물리학과 천문학의 기초를 마련했다)
- The development of the scientific method, / based on observation, experimentation, and reasoning, / transformed how knowledge was acquired.
(과학적 방법론의 발전은 / 관찰, 실험, 논리에 기반했으며, / 지식을 습득하는 방식을 변화시켰다)

- In the 19th century, Charles Darwin's theory of evolution revolutionized biology / by explaining how species adapt and change over time.
(19세기에 찰스 다윈의 진화론은 생물학에 혁명을 일으켰다 / 종이 시간이 지나면서 어떻게 적응하고 변화하는지를 설명함으로써)
- The discovery of germs by Louis Pasteur and Robert Koch / led to breakthroughs in medicine, / reducing the spread of infectious diseases.
(루이 파스퇴르와 로베르트 코흐에 의한 세균의 발견은 / 의학적 돌파구로 이어져 / 감염병의 확산을 줄였다)
- Albert Einstein's theory of relativity in the early 20th century / fundamentally altered / our understanding of space, time, and gravity.
(20세기 초 알버트 아인슈타인의 상대성 이론은 / 근본적으로 변화시켰다 / 공간, 시간, 중력에 대한 우리의 이해를)
- Quantum mechanics, developed by scientists such as Niels Bohr and Werner Heisenberg, / challenged classical physics / and introduced a probabilistic view of nature.
(양자역학은 닐스 보어와 베르너 하이젠베르크 등의 과학자들에 의해 발전되었으며, / 고전 물리학에 도전하여 / 자연에 대한 확률적 시각을 도입했다)

- The discovery of DNA's structure by James Watson and Francis Crick / paved the way for modern genetics and biotechnology.
(제임스 왓슨과 프랜시스 크릭에 의한 DNA의 구조 발견은 / 현대 유전학과 생명공학의 길을 열었다)
- Advancements in space exploration, beginning with the moon landing in 1969, / expanded humanity's knowledge of the universe.
(우주 탐사의 발전은 1969년 달 착륙으로 시작되었으며, / 우주에 대한 인류의 지식을 확장시켰다)

- The rise of artificial intelligence and machine learning is transforming industries, / raising ethical and philosophical questions.
(인공지능과 머신러닝의 발전은 산업을 변화시키고 / 윤리적·철학적 질문을 제기하고 있다)
- Climate science, fueled by research on greenhouse gases, / has highlighted the urgent need / for global action against climate change.
(기후 과학은 온실가스 연구를 통해 발전했으며, / 긴급성을 강조해 왔다 / 기후 변화에 대한 전 세계적 대응의)

- Breakthroughs in renewable energy, such as solar and wind power, / offer sustainable alternatives to fossil fuels.
(태양광과 풍력과 같은 재생에너지의 큰 발전은 / 화석 연료를 대체할 지속 가능한 해결책을 제공한다)
- Advances in nanotechnology and material science are leading / to innovations in medicine, electronics, and manufacturing.
(나노기술과 소재 과학의 발전은 이끌고 있다 / 의학, 전자공학, 제조업에서 혁신을)
- Genetic engineering and CRISPR technology have opened possibilities / for curing genetic disorders and modifying life itself.
(유전자 조작과 CRISPR 기술은 가능성을 열었다 / 유전 질환을 치료하고 생명 자체를 변형할)
- While scientific discoveries have propelled human progress, / they have also introduced ethical dilemmas / regarding their application.
(과학적 발견은 인류 발전을 이끌었지만, / 윤리적 딜레마를 야기하기도 했다 / 그 적용에 대한)
- As science continues to evolve, / humanity must navigate both its potential and its risks / to ensure a better future.
(과학이 계속 발전하는 가운데, / 인류는 그 가능성과 위험을 신중하게 다루어야 한다 / 더 나은 미래를 보장하기 위해)

Connected Play: How Online Gaming Transformed Global Entertainment

Online gaming has evolved from a niche hobby into a global industry, shaping entertainment, social interaction, and even professional competition. With the advancement of high-speed internet and powerful gaming hardware, millions of players around the world can now compete and collaborate in real time.

One of the earliest online gaming sensations was "StarCraft", a real-time strategy game that became a cultural phenomenon, particularly in South Korea. The game's emphasis on strategy, speed, and precision led to the rise of professional esports leagues, where top players competed in high-stakes tournaments. Another game that redefined online gaming was "League of Legends", a multiplayer online battle arena (MOBA) game that introduced a new level of teamwork and strategy. With millions of active players and an extensive esports ecosystem, "League of Legends" has established itself as one of the most influential games in history. Sports simulation games have also thrived in the online gaming space, with "FIFA Online" allowing players to control their favorite teams and compete globally. The appeal of online gaming extends beyond entertainment, as it fosters digital communities where players communicate, form friendships, and collaborate.

However, online gaming is not without its challenges, as concerns about addiction, toxic behavior, and cyberbullying continue to rise. Game developers have implemented various measures such as AI-driven moderation systems and reporting tools to create a safer gaming environment. Despite these issues, online gaming has proven to have some educational benefits, enhancing cognitive skills, teamwork, and problem-solving abilities. Competitive gaming, or esports, has grown into a billion-dollar industry, attracting sponsorships from major companies and broadcasting deals with mainstream media. Cloud gaming technology is set to revolutionize online gaming, allowing players to access high-quality games without the need for expensive hardware. As virtual reality (VR) and artificial intelligence (AI) advance, the future of online gaming will likely become even more immersive and personalized. With its ability to connect players across cultures, languages, and continents, online gaming has become more than just entertainment — it is a global phenomenon.

- Online gaming has evolved from a niche hobby into a global industry, / shaping entertainment, social interaction, and even professional competition.
(온라인 게임은 소수의 취미에서 세계적인 산업으로 성장하여 / 엔터테인먼트, 사회적 교류, 그리고 프로 경기까지 형성했다)
- With the advancement of high-speed internet and powerful gaming hardware, / millions of players around the world can now compete and collaborate in real time.
(고속 인터넷과 강력한 게임 하드웨어의 발전 덕분에 / 전 세계 수백만 명의 플레이어가 이제 실시간으로 경쟁하고 협력할 수 있다)

- One of the earliest online gaming sensations / was "StarCraft", a real-time strategy game / that became a cultural phenomenon, particularly in South Korea.
(가장 초기의 온라인 게임 열풍 중 하나는 / 실시간 전략 게임인 "스타크래프트"이며, / 특히 한국에서 문화적 현상이 되었다)
- The game's emphasis on strategy, speed, and precision / led to the rise of professional esports leagues, / where top players competed in high-stakes tournaments.
(전략, 속도, 정밀성에 대한 이 게임의 강조는 / 프로 e스포츠 리그의 성장을 이끌었다 / 그리고 그 리그에서는 최고 수준의 선수들이 큰 상금이 걸린 토너먼트에서 경쟁했다)

- Another game that redefined online gaming / was "League of Legends", a multiplayer online battle arena (MOBA) game / that introduced a new level of teamwork and strategy.
(온라인 게임의 패러다임을 바꾼 또 다른 게임은 / 멀티플레이어 온라인 배틀 아레나 (MOBA) 게임인 "리그 오브 레전드"이며 / 새로운 수준의 팀워크와 전략성을 도입했다)

- With millions of active players and an extensive esports ecosystem, / "League of Legends" has established itself / as one of the most influential games in history.
(수백만 명의 플레이어와 방대한 e스포츠 생태계를 갖춘 / "리그 오브 레전드"는 자리를 잡았다 / 역사상 가장 영향력 있는 게임 중 하나로)

- Sports simulation games have also thrived in the online gaming space, / with "FIFA Online" allowing players to control their favorite teams and compete globally.
(스포츠 시뮬레이션 게임 역시 온라인 게임 시장에서 번성했다 / "FIFA 온라인"이 플레이어가 자신이 좋아하는 팀을 조종하며 전 세계와 경쟁할 수 있도록 하면서)

- The appeal of online gaming extends beyond entertainment, / as it fosters digital communities / where players communicate, form friendships, and collaborate.
(온라인 게임의 매력은 단순한 오락을 넘어 확장하고 있다 / 온라인 게임이 디지털 커뮤니티를 형성함에 따라 / 플레이어들이 소통하고, 우정을 쌓고, 협력하는)

- However, online gaming is not without its challenges, / as concerns about addiction, toxic behavior, and cyberbullying continue to rise.
(그러나 온라인 게임에는 문제점도 존재한다 / 게임 중독, 악성 행위, 사이버 괴롭힘에 대한 우려가 지속적으로 증가하면서)
- Game developers have implemented various measures / such as AI-driven moderation systems and reporting tools / to create a safer gaming environment.
(게임 개발사들은 다양한 조치를 도입했다 / AI 기반의 조정시스템과 신고 기능 등의 / 보다 안전한 게임 환경을 조성하기 위해)
- Despite these issues, online gaming has proven to have some educational benefits, / enhancing cognitive skills, teamwork, and problem-solving abilities.
(이러한 문제에도 불구하고, 온라인 게임은 얼마간의 교육적 이점이 있음이 입증되었다 / 인지 능력, 팀워크, 문제 해결 능력을 향상시켜)

- Competitive gaming, or esports, has grown into a billion-dollar industry, / attracting sponsorships / from major companies and broadcasting deals with mainstream media.
(경쟁적 게임, 즉 e스포츠는 수십억 달러 규모의 산업으로 성장하며, / 재정적 후원을 끌어들이고 있다 / 메이저 기업 및 주요 미디어와의 방송 계약으로부터)
- Cloud gaming technology is set to revolutionize online gaming, / allowing players to access high-quality games / without the need for expensive hardware.
(클라우드 게임 기술은 온라인 게임을 혁신할 것이며, / 플레이어가 고품질의 게임을 즐길 수 있도록 해줄 것이다 / 고가의 하드웨어 없이도)
- As virtual reality (VR) and artificial intelligence (AI) advance, / the future of online gaming will likely become even more immersive and personalized.
(가상 현실과 인공지능이 발전함에 따라, / 온라인 게임의 미래는 더욱 몰입감 있고 개인화된 형태가 될 것 같다)
- With its ability to connect players across cultures, languages, and continents, / online gaming has become more than just entertainment — / it is a global phenomenon.
(문화, 언어, 대륙을 초월해 플레이어를 연결하는 능력을 통해, / 온라인 게임은 단순한 오락을 넘어 / 세계적인 현상이 되었다)

From Basement to Penthouse: "Parasite" and the Illusion of Mobility

Bong Joon-ho's "Parasite" (2019) is a critically acclaimed South Korean film that masterfully blends thriller, dark comedy, and social commentary. The film follows the story of the Kim family, an impoverished household struggling to survive in the lower depths of society. Through deception and careful planning, they infiltrate the wealthy Park family's household by securing jobs as tutors, a housekeeper, and a chauffeur. Despite their initial success, their carefully constructed scheme unravels when they discover a shocking secret hidden beneath the Park family's luxurious home.

"Parasite" is a powerful exploration of class struggle, illustrating the stark divide between the privileged elite and the working class. The contrast between the Parks' spacious, sunlit mansion and the Kims' cramped, semi-basement apartment visually reinforces the film's theme of social inequality. Bong employs meticulous cinematography, using symmetrical framing and vertical space to highlight the characters' literal and metaphorical positions in society. The film's title, "Parasite", carries multiple meanings, suggesting both the lower class's dependence on the rich and the upper class's exploitation of the poor. One of the film's most striking elements is its unpredictable tonal shifts, seamlessly transitioning between humor, suspense, and tragedy. Bong's screenplay meticulously builds tension, leading to an explosive climax that leaves a lasting impact on viewers. The film also critiques the illusion of social mobility, portraying how the Kim family's aspirations for a better life are ultimately unattainable within a rigid class hierarchy.

Beyond its thematic depth, "Parasite" was a groundbreaking achievement in global cinema, becoming the first non-English-language film to win the Academy Award for Best Picture. The film resonated with international audiences because its critique of wealth disparity is a universal issue, not confined to South Korea. In the years since its release, "Parasite" has continued to influence filmmakers, scholars, and audiences alike, sparking discussions on social justice and cinematic innovation. The film's masterful storytelling, striking visuals, and sharp social critique have cemented its place as one of the most significant films of the 21st century.

- Bong Joon-ho's "Parasite" (2019) is a critically acclaimed South Korean film / that masterfully blends thriller, dark comedy, and social commentary.
(봉준호 감독의 "기생충" (2019)은 비평가들의 극찬을 받은 한국 영화로, / 스릴러, 블랙 코미디, 사회적 메시지를 절묘하게 결합한 작품이다)
- The film follows the story of the Kim family, / an impoverished household struggling to survive in the lower depths of society.
(이 영화는 가난한 김 가족의 이야기를 따라간다 / 사회의 밑바닥에서 생존하기 위해 고군분투하는 가난한 가족의 이야기를)
- Through deception and careful planning, they infiltrate the wealthy Park family's household / by securing jobs as tutors, a housekeeper, and a chauffeur.
(교묘한 속임수와 치밀한 계획을 통해, 김 가족은 부유한 박 가족의 집에 스며든다 / 가정교사, 가정부, 운전기사로 취업하며)
- Despite their initial success, their carefully constructed scheme unravels / when they discover a shocking secret / hidden beneath the Park family's luxurious home.
(초기 단계의 성공에도 불구하고, 조심스럽게 구축된 그들의 계획은 흐트러지기 시작한다 / 그들이 충격적인 비밀을 발견하면서 / 박 가족의 화려한 집 아래에 숨겨진)

- "Parasite" is a powerful exploration of class struggle, / illustrating the stark divide between the privileged elite and the working class.
("기생충"은 계급투쟁을 강렬하게 탐구하며, / 특권층과 노동 계층 사이의 극명한 격차를 보여준다)
- The contrast between the Parks' spacious, sunlit mansion and the Kims' cramped, semi-basement apartment / visually reinforces the film's theme of social inequality.
(박 가족의 넓고 햇빛이 가득한 저택과 김 가족의 비좁은 반지하 집의 대비는 / 사회적 불평등이라는 영화의 주제를 시각적으로 강화한다)
- Bong employs meticulous cinematography, / using symmetrical framing and vertical space / to highlight the characters' literal and metaphorical positions in society.
(봉준호는 세심한 촬영 기법을 채택하며, / 대칭적 구도와 수직적 공간을 활용하고 있다 / 캐릭터들이 사회에서 차지하는 물리적·은유적 위치를 강조하기 위해)
- The film's title, "Parasite", carries multiple meanings, / suggesting both the lower class's dependence on the rich and the upper class's exploitation of the poor.
(영화 제목 "기생충"은 다층적 의미를 지니며, / 하층민의 부유층 의존과 상류층의 빈곤층 착취를 동시에 암시한다)

- One of the film's most striking elements is its unpredictable tonal shifts, / seamlessly transitioning between humor, suspense, and tragedy.
(이 영화에서 가장 인상적인 요소 중 하나는 예측 불가능한 분위기 전환으로, / 유머, 긴장감, 비극을 아주 매끄럽게 넘나든다)
- Bong's screenplay meticulously builds tension, / leading to an explosive climax / that leaves a lasting impact on viewers.
(봉준호의 각본은 긴장을 정교하게 쌓아 올려서, / 폭발적인 클라이맥스로 이어지며, / 관객들에게 강렬한 인상을 남긴다)
- The film also critiques the illusion of social mobility, portraying / how the Kim family's aspirations for a better life / are ultimately unattainable within a rigid class hierarchy.
(이 영화는 또한 사회적 이동의 환상을 비판하며, 그린다 / 김 가족이 더 나은 삶을 열망하지만 / 경직된 계급 구조 속에서 결국 그 열망은 얻을 수 없는 것임을)

- Beyond its thematic depth, "Parasite" was a groundbreaking achievement in global cinema, / becoming the first non-English-language film to win the Academy Award for Best Picture.

(영화의 주제적 깊이를 넘어, "기생충"은 세계 영화사에서 획기적인 성취를 이루었으며, / 아카데미 작품상을 수상한 최초의 비영어권 영화가 되었다)
- The film resonated with international audiences / because its critique of wealth disparity is a universal issue, / not confined to South Korea.
(이 영화는 국제 관객들에게 큰 반향을 일으켰다 / 빈부 격차에 대한 비판은 보편적 문제이기 때문에 / 한국에 국한되지 않는)
- In the years since its release, "Parasite" has continued to influence filmmakers, scholars, and audiences alike, / sparking discussions on social justice and cinematic innovation.
(개봉 이후 수년이 지난 지금도 "기생충"은 영화감독, 학자, 관객들에게 영향을 미치며, / 사회 정의와 영화적 혁신에 대한 논의를 촉발하고 있다)
- The film's masterful storytelling, striking visuals, and sharp social critique / have cemented its place as one of the most significant films of the 21st century.
(이 영화의 탁월한 스토리텔링, 강렬한 시각적 연출, 예리한 사회 비판은 / 이 영화의 위치를 21세기 가장 중요한 영화 중 하나로 굳혔다)

Illuminating Silence: Han Kang's Literary Journey to the Nobel Prize

Han Kang, a renowned South Korean writer, has gained international recognition for her profound and poetic prose. Born in 1970 in Gwangju, she moved to Seoul at a young age and later studied Korean literature at Yonsei University. Her literary career began in the 1990s, but it was "The Vegetarian" (2007) that brought her global acclaim. This novel tells the unsettling story of a woman who, after a disturbing dream, decides to stop eating meat and withdraw from society. Exploring themes of autonomy, violence, and societal pressure, the book won the 2016 Man Booker International Prize. Her later works, including "Human Acts" and "The White Book", further cemented her reputation as a writer deeply engaged with human suffering. "Human Acts" (2014) revisits the tragic events of the 1980 Gwangju Uprising, portraying the pain and trauma through multiple perspectives. Her writing, often characterized by restrained intensity, allows silence and absence to carry as much weight as words. Her 2016 work, "The White Book", takes a more meditative approach, blending autobiography with philosophical reflection. Centered around the motif of the color white, the book contemplates life, death, and the passage of time.

In 2024, Han Kang was awarded the Nobel Prize in Literature "for her intense poetic prose that confronts historical traumas and exposes the fragility of human life." She became the first South Korean author to receive this prestigious honor, marking a significant moment for Korean literature on the global stage. In her Nobel acceptance speech, she emphasized the role of literature in bearing witness to suffering and preserving forgotten voices.

Han Kang's works resonate beyond South Korea, as they address universal themes of grief, memory, and resilience. By intertwining the personal with the historical, she crafts narratives that are deeply intimate yet profoundly relevant. Her Nobel Prize win is not just an individual achievement but a testament to the growing influence of Korean literature worldwide. Han Kang's literary journey continues to inspire, proving that literature can illuminate the darkest corners of human existence.

- Han Kang, a renowned South Korean writer, has gained international recognition / for her profound and poetic prose.
(한강은 유명한 한국 작가로, 국제적인 명성을 얻었다 / 깊이 있는 시적 산문으로)
- Born in 1970 in Gwangju, she moved to Seoul at a young age / and later studied Korean literature at Yonsei University.
(1970년 광주에서 태어난 그녀는 어린 시절 서울로 이주했으며 / 이후 연세대학교에서 국문학을 전공했다)
- Her literary career began in the 1990s, / but it was "The Vegetarian" (2007) that brought her global acclaim.
(그녀의 문학 경력은 1990년대에 시작되었으나, / 2007년 출간된 "채식주의자"가 그녀를 세계적으로 유명하게 만들었다)
- This novel tells the unsettling story of a woman / who, after a disturbing dream, decides to stop eating meat and withdraw from society.
(이 소설은 한 여성의 불안한 이야기를 담고 있는데 / 그 여성은 불길한 꿈을 꾼 후 육식을 중단하고 사회와 단절하기로 한다)
- Exploring themes of autonomy, violence, and societal pressure, / the book won the 2016 Man Booker International Prize.

(자율성, 독력, 사회적 압박이라는 주제를 탐구하며, / 이 책은 2016년 맨부커 국제상을 수상했다)

- Her later works, including "Human Acts" and "The White Book", / further cemented her reputation / as a writer deeply engaged with human suffering.

("소년이 온다"와 "흰"을 비롯한 그녀의 후속 작품들은 / 그녀의 명성을 더욱 확고하게 만들었다 / 인간의 고통을 깊이 탐구하는 작가로서의)

- "Human Acts" (2014) revisits the tragic events of the 1980 Gwangju Uprising, / portraying the pain and trauma through multiple perspectives.

(2014년 발표된 "소년이 온다"는 1980년 광주 민주화운동의 비극을 재조명하며, / 다각적인 시각에서 그 고통과 트라우마를 그려낸다)

- Her writing, often characterized by restrained intensity, / allows silence and absence to carry as much weight as words.

(그녀의 글은 종종 절제된 강렬함으로 특징 지워지며, / 침묵과 부재가 말만큼의 두께감을 가지도록 만든다)

- Her 2016 work, "The White Book", takes a more meditative approach, / blending autobiography with philosophical reflection.

(2016년 발표된 "흰"은 보다 명상적인 접근을 취하며, / 자전적 요소와 철학적 성찰을 결합하고 있다)

- Centered around the motif of the color white, / the book contemplates life, death, and the passage of time.
(흰색이라는 모티프를 중심으로, / 이 책은 삶과 죽음, 그리고 시간의 흐름을 숙고한다)

- In 2024, Han Kang was awarded the Nobel Prize in Literature for her intense <u>poetic prose</u> / that <u>confronts historical traumas and exposes the fragility of human life</u>.
(2024년, 한강은 그녀의 강렬한 <u>시적 산문</u>으로 노벨 문학상을 수상했다 / 그녀의 작품은 <u>역사적 트라우마에 맞서고 인간 삶의 연약함을 드러내고 있다</u>)

- She became the first South Korean author to receive this prestigious honor, / marking a significant moment for Korean literature on the global stage.
(그녀는 이 권위 있는 상을 받은 최초의 한국 작가가 되었으며, / 세계 무대에서 한국 문학에게 중요한 순간이 되었다)

- In her Nobel acceptance speech, she emphasized the role of literature / in bearing witness to suffering and preserving forgotten voices.
(노벨상 수상 연설에서, 그녀는 문학의 역할을 강조했다 / 고통을 증언하고 잊혀진 목소리를 보존하는)

- Han Kang's works resonate beyond South Korea, / as they address universal themes of grief, memory, and resilience.
(그녀의 작품들은 한국을 넘어 반향을 불러일으키고 있다 / 왜냐하면 그 작품들은 슬픔, 기억, 회복이라는 보편적인 주제를 다루기 때문이다)

- By intertwining the personal with the historical, she crafts narratives / that <u>are deeply intimate yet profoundly relevant</u>.
(개인적인 것과 역사적인 것을 결합함으로써, 그녀는 <u>서사</u>를 창조한다 / <u>매우 친밀하면서도 심오하게 관련있는</u>)

- Her Nobel Prize win is not just an individual achievement but a testament / to the growing influence of Korean literature worldwide.
(그녀의 노벨상 수상은 단순한 개인적 성취가 아니라 하나의 증명이다 / 한국 문학의 영향이 세계적으로 커지고 있다는)

- Han Kang's literary journey continues to inspire, / proving / that literature can illuminate the darkest corners of human existence.
(한강의 문학적 여정은 계속해서 영감을 주며, / 증명하고 있다 / 문학이 인간 존재의 가장 어두운 구석을 비출 수 있음을)

Bridging Worlds: The Art of Korean-English Translation and Interpretation

Translating and interpreting between Korean and English play a crucial role in bridging cultural and linguistic gaps, allowing ideas to be shared across borders. A well-executed translation can introduce a nation's literature, cinema, and history to a global audience in an authentic way. One of the most striking examples of the power of translation is the global success of the South Korean film "Parasite". The film's translator, Darcy Paquet, skillfully adapted Korean dialogue into English subtitles, ensuring that the film's humor and social commentary resonated with international viewers. Without his careful translation, some of the film's cultural nuances might have been lost in translation. Similarly, in the literary world, the translation of Han Kang's novel "The Vegetarian" played a vital role in its global recognition. Deborah Smith's English translation of the novel captured the poetic and unsettling nature of Han Kang's prose, making it accessible to English-speaking readers. However, translation is not simply about converting words; it involves capturing cultural context, emotional depth, and authorial intent.

On the other hand, interpreting — especially in live settings — demands instant decision-making, as seen in diplomatic meetings or award ceremonies. For instance, during Bong Joon-ho's Oscar acceptance speech, his interpreter, Sharon Choi, played a crucial role in conveying his thoughts eloquently. A skilled interpreter not only translates words but also maintains the speaker's tone, humor, and intent, ensuring the message's original impact is preserved.

Both translation and interpretation are essential for fostering global understanding, particularly as Korean culture gains worldwide recognition. As seen in the cases of "Parasite" and "The Vegetarian", linguistic mediation can determine whether a work is truly appreciated by an international audience. Thus, investing in high-quality translation and interpretation is not just a matter of language but a key to cultural exchange and mutual understanding. By preserving the essence of a story or message, translators and interpreters act as cultural ambassadors, connecting people across languages and borders.

- Translating and interpreting between Korean and English / play a crucial role in bridging cultural and linguistic gaps, / allowing ideas to be shared across borders.
(한국어와 영어 사이의 번역과 통역은 / 문화적, 언어적 격차를 연결하는 데 중요한 역할을 하며, / 국경을 넘어 사상을 공유할 수 있도록 한다)
- A well-executed translation can introduce / a nation's literature, cinema, and history / to a global audience in an authentic way.
(잘 이루어진 번역은 소개할 수 있다 / 한 나라의 문학, 영화, 그리고 역사를 / 전 세계 청중에게 진정성 있게)
- One of the most striking examples of the power of translation / is the global success of the South Korean film "Parasite".
(번역의 힘을 보여주는 가장 인상적인 예시 중 하나는 / 한국 영화 "기생충"의 세계적인 성공이다)
- The film's translator, Darcy Paquet, skillfully adapted Korean dialogue into English subtitles, / ensuring / that the film's humor and social commentary resonated with international viewers.
(영화의 번역가인 달시 파켓은 한국어 대사를 영어 자막으로 능숙하게 번역하여, / 보장했다 / 영화의 유머와 사회적 메시지가 국제 관객들에게도 전달되도록)

- Without his careful translation, some of the film's cultural nuances might have been lost in translation.
(그의 세심한 번역이 없었다면, 영화 속 문화적 뉘앙스 중 일부는 번역 과정에서 사라졌을지도 모른다)
- Similarly, in the literary world, the translation of Han Kang's novel "The Vegetarian" / played a vital role in its global recognition.
(문학계에서도 마찬가지로, 한강 작가의 소설 "채식주의자"의 번역은 / 이 작품이 세계적으로 인정받는 데 중요한 역할을 했다)
- Deborah Smith's English translation of the novel / captured the poetic and unsettling nature of Han Kang's prose, / making it accessible to English-speaking readers.
(데보라 스미스의 영어 번역은 / 한강 작가의 문체가 가진 시적이면서도 불안한 느낌을 포착하여, / 영어권 독자들에게 다가갈 수 있도록 했다)
- However, translation is not simply about converting words; / it involves capturing cultural context, emotional depth, and authorial intent.
(하지만 번역은 단순히 단어를 변환하는 것이 아니라, / 문화적 맥락, 감정적 깊이, 그리고 작가의 의도를 포착하는 것을 수반한다)

- On the other hand, interpreting — especially in live settings — / demands instant decision-making, / as seen in diplomatic meetings or award ceremonies.
(반면, 통역은 특히 실시간 상황에서는 / 즉각적인 판단을 요구한다 / 외교 회담이나 시상식에서 보여지듯이)
- For instance, during Bong Joon-ho's Oscar acceptance speech, / his interpreter, Sharon Choi, played a crucial role / in conveying his thoughts eloquently.
(예를 들어, 봉준호 감독의 오스카 수상 연설에서, / 그의 통역사인 샤론 최는 중요한 역할을 했다 / 그의 생각을 유려하게 전달하는데)
- A skilled interpreter not only translates words but also maintains the speaker's tone, humor, and intent, / ensuring the message's original impact is preserved.
(숙련된 통역사는 단순히 단어를 번역하는 것이 아니라, 화자의 어조, 유머, 그리고 의도를 유지하며, / 메시지의 본래 임팩트가 지켜지도록 한다)

- Both translation and interpretation are essential for fostering global understanding, / particularly as Korean culture gains worldwide recognition.
(번역과 통역은 모두 세계적인 이해를 증진하는 데 필수적이다 / 특히 한국 문화가 세계적 인정을 얻고 있기 때문에)

- As seen in the cases of "Parasite" and "The Vegetarian", / linguistic mediation can determine / whether a work is truly appreciated by an international audience.
("기생충"과 "채식주의자"의 사례에서 볼 수 있듯이, / 언어적 중재는 결정할 수 있다 / 작품이 국제 관객에게 제대로 잘 인정받을 수 있을 지 여부를)
- Thus, investing in high-quality translation and interpretation / is not just a matter of language but a key / to cultural exchange and mutual understanding.
(따라서, 고품질의 번역과 통역에 대한 투자는 / 단순한 언어의 문제가 아니라 핵심이다 / 문화 교류와 상호 이해의)
- By preserving the essence of a story or message, / translators and interpreters act as cultural ambassadors, / connecting people across languages and borders.
(이야기나 메시지의 본질을 보존함으로써, / 번역가와 통역가는 문화적 대사로서의 역할을 하며, / 언어와 국경을 넘어 사람들을 연결한다)